FILIPPO CATALDO

UNNÜTZES BUNDESLIGA WISSEN

FILIPPO CATALDO

UNNÜTZES BUNDESLIGA WISSEN

ALLES, WAS MAN IN DER SPORTSCHAU NICHT ERFÄHRT

riva

Bibliografische Information der Deutschen Nationalbibliothek
Die Deutsche Nationalbibliothek verzeichnet diese Publikation in der Deutschen Nationalbibliografie; detaillierte bibliografische Daten sind im Internet über http://d-nb.de abrufbar.

Für Fragen und Anregungen
info@rivaverlag.de

12. Auflage 2022
© 2017 by riva Verlag, ein Imprint der Münchner Verlagsgruppe GmbH
Türkenstraße 89
80799 München
Tel.: 089 651285-0
Fax: 089 652096

© der Originalausgabe 2015 by riva Verlag

Redaktion: Stefanie Barthold, Berlin
Umschlaggestaltung: Isabella Dorsch, München
Umschlagabbildung: Thomas Bethge/shutterstock.com
Satz: Carsten Klein, Torgau
Druck: CPI books GmbH, Leck
Printed in Germany

ISBN Print 978-3-7423-0417-9
ISBN E-Book (PDF) 978-3-95971-930-8
ISBN E-Book (EPUB, Mobi) 978-3-95971-931-5

Wir produzieren
nachhaltig
www.m-vg.de

Weitere Informationen zum Verlag finden Sie unter

www.rivaverlag.de

Beachten Sie auch unsere weiteren Verlage unter www.m-vg.de

Inhalt

Vorwort

55 Klubs haben seit der Gründung der Bundesliga in der Saison 1963/1964 bis Juli 2017 an Deutschlands höchster Spielklasse teilgenommen, als einzige Mannschaft stand der der HSV bei allen 1832 Spieltagen auf dem Platz. Gerd Müller vom FC Bayern München ist mit 365 Toren Rekordtorschütze, Frankfurts Karl-Heinz Körbel mit 602 Einsätzen Rekordspieler.

Dieses Buch versammelt die unterhaltsamsten Fakten zu den Lieblingsklubs der Deutschen. Anekdoten über die Helden und Antihelden der Bundesliga, kuriose Verletzungen, seltsame Transfers und alkoholbedingte Ausfälle.

Ein Buch zum Angeben. Am Stammtisch und in der eigenen Freizeitmannschaft. Ein Buch zum Frotzeln. Bei den Anhängern des Lieblingsklubs und Lieblingsrivalen.

Die Fakten sind nach den wichtigsten und populärsten Klubs der Bundesliga-Geschichte geordnet. Sollten Spieler und Funktionäre für mehrere Vereine gespielt haben, tauchen die Fakten bei dem Klub auf, bei dem sie sich ereignet haben – oder bei den Vereinen, für die der Held sich am meisten verdient gemacht hat. Die Auswahl der Klubs, die ein eigenes Kapitel bekommen haben, erfolgte nach der Bedeutung der Mannschaften für die Bundesliga – und nach dem persönlichen Geschmack des Autors.

München, im Juli 2017.

FC Bayern München

Franz Beckenbauer absolvierte sein erstes Pflichtspiel für den FC Bayern München beim FC St. Pauli. Als Linksaußen.

In der Aufstiegsrunde zur Bundesliga in der Saison 1963/64 gewann Bayern 4:0. Beckenbauer schoss ein Tor. Den Kasten des FC Bayern hütete damals Sepp Maier.

Zwei Theorien zur Entstehung des »Kaisers«:

- Die Fototheorie: Als der FC Bayern zu einem Freundschaftsspiel in Wien weilte, wurde Beckenbauer für ein Foto neben eine Büste des früheren österreichischen Kaisers Franz I. platziert. Diese These vertritt Beckenbauer selbst gern. Problem nur: Besagtes Freundschaftsspiel fand erst 1971 statt, Beckenbauer wurde aber schon seit 1969 in den Zeitungen als »Kaiser« bezeichnet.

- Die *Bild*-Theorie: Am 10. Juni 1969 titelte *Bild*: »Franz ist der Kaiser von Bayern«. Beckenbauer war von den Reportern des Blattes nach seiner ersten Meisterschaft bereits zum dritten Mal zum besten Feldspieler der Saison gekürt worden. In Anlehnung an Gerd Müller, den »Bomber der Nation«, erfanden die Reporter für Beckenbauer den »Kaiser«. So berichtete es später die *Welt*. Als die Bayern schließlich am 14. Juni 1969 gegen Schalke das Pokalfinale spielten, verselbstständigte sich der Titel. Nach einem Foul Beckenbauers an Stan Libuda, dem »König von Westfalen«, pfiffen die Fans ihn bei jeder Ballberührung aus. Beckenbauer schnappte sich irgendwann den Ball und jonglierte ihn vor der Schalker Fankurve von einem Fuß zum anderen, vom Fuß zum Kopf, vom Kopf zum Fuß, von Fuß zu Fuß, insgesamt 40 Sekunden lang. Anderntags schrieb Herbert Jung in *Bild*: »Der Schalker Anhang versuchte Kaiser Franz vom Thron zu stoßen«. *SZ*-Reporter Hans Schiefele schrieb von »Kaiser Franz«, der »den König von Westfalen festhielt«. Auch *AZ*-Reporter Bernd Hildebrandt wählte die Bezeichnung »Kaiser Franz«.

Als Beckenbauer in Oberndorf lebte, wohnte er am Kaiserweg. Der war allerdings nicht nach ihm, sondern nach dem Wilden Kaiser benannt, der sich in der Nachbarschaft in den Himmel hebt.

Beckenbauers Autobiografie trägt den Titel »Ich«.

Der Kaiser erzielte vier Eigentore gegen seinen FC Bayern. 1975 sogar zwei binnen weniger als einer Woche.

Das berühmte Foto von Trainer Dettmar Cramer in Napoleon-Pose und -Kostüm im Olympiastadion schoss Diana Sandmann, damals die Freundin von Kaiser Franz. »Die hat so lange geflötet, bis ich Ja gesagt habe«, erinnert sich Cramer.

Für das allererste Spiel des FC Bayern in der Bundesliga hatte sich der DFB etwas ganz Besonderes ausgedacht. Die Bayern sollten auswärts spielen – aber im eigenen Stadion. Am ersten Spieltag der Saison 1965/66 fand im Stadion an der Grünwalder Straße, damals schon auf dem besten Weg, das Label »altehrwürdig« zu erhalten, gleich das erste Lokalderby gegen den TSV 1860 München in der Bundesliga statt. Timo Konietzka erzielte kurz vor dem Pausenpfiff den Treffer zum 1:0 für die »Löwen«, damals noch eine absolute Spitzenmannschaft. Einige Bayern-Fans in der Westkurve, wo die legendäre, bis heute benutzte und manuell zu betätigende Anzeigentafel aus Blech steht, überrumpelten den »Taferl-Mo« (Hochdeutsch: Mann mit den Zahlentafeln) und hängten eine 5 auf – aufseiten der Bayern. Die gestrengen Funktionäre vom DFB konnten sie aber nicht täuschen. Auch nach 90 Minuten stand es 1:0 für die »Löwen« – die am Ende der Saison zum ersten und letzten Mal Meister wurden. Und das, obwohl die junge Bayern-Mannschaft um Sepp Maier, Franz Beckenbauer, Gerd Müller und Co. das Rückspiel mit 3:0 gewann – und am Ende der Saison nicht nur Dritter wurde, sondern auch zum zweiten Mal den DFB-Pokal gewann.

Kapitän Franz Beckenbauer reiste 1970 nach Köln, um im Auftrag seines Klubs einen neuen Trainer zu verpflichten. Udo Lattek, damals 35 Jahre alt, sagte dem 25-Jährigen sofort zu.

Die Spieler hatten damals den jugoslawischen »Schleifer« Branko Zebec loswerden wollen. Beckenbauer schlug Lattek – bei der WM 1966 Co-Trainer von Bundestrainer Helmut Schön und auch in den Jugendnationalmannschaften Coach der jungen Bayern-Stars – als Nachfolger vor. Die Bayern-Bosse fanden die Idee gut.

Markus Hörwick wurde 1983 der erste hauptamtliche Pressesprecher eines Bundesligavereins. Damals musste Hörwick, ein früherer *Bild*-Journalist und PR-Arbeiter bei *Adidas*, die Reporter der Zeitungen noch dazu auffordern, die Trainings der Bayern zu besuchen. Bis zu seinem Rücktritt 2016 erhielt Hörwick, mittlerweile Mediendirektor, laut eigener Aussage 20 Interviewanfragen am Tag für Spieler und Verantwortliche. »120, wenn was los ist«, so Hörwick, dessen Medienabteilung 24 Mitarbeiter umfasste.

In seiner Jugend kickte Hörwick, Jahrgang 1956, selbst beim FC Bayern.

1985 wurde Helmut Winklhofers Eigentor aus 35 Metern in den Winkel des eigenen Kastens zum Tor des Monats gewählt.

Karl-Heinz Rummenigge war vor seinem Debüt in der Bundesliga 1976 so nervös, dass Mannschaftsbetreuer und Masseur Richie Müller dem jungen Stürmer zwei Cognac verabreichte, ehe er aufs Feld durfte.

Richie Müller wurde später Vereinspräsident – beim Lokalrivalen TSV 1860.

Gerd Müller trug in der Nationalmannschaft die Rückennummer 13, weil die 9 schon Uwe Seeler gehörte – und behielt sie bis zu seinem Rücktritt aus der Nationalmannschaft 1974. Als Thomas Müller 2010 Nationalspieler wurde, bekam auch er die 13, die eigentlich Michael Ballack gehörte. Nach dessen Verletzung, WM-Aus und erzwungenem Karriereende in der DFB-Elf behielt Müller die Nummer einfach.

Gerd Müller trat am Abend des gewonnenen WM-Finales 1974 aus der Nationalmannschaft zurück. Die DFB-Funktionäre hatten den Frauen den Zutritt zum Siegerbankett verwehrt. Das fand Müller gar nicht lustig.

Gerd Müller ist seit 1967 mit seiner Uschi verheiratet.

Sepp Maiers 2013 verstorbener Hund hörte auf den schönen Namen Batzenhofer. Überhaupt war Maier ein großer Tierfreund. In den 1970er-Jahren hatte er schon einen Dackel, der – natürlich – Waldi hieß.

Eine Spielerrevolte verhinderte, dass Max Merkel 1979 Trainer des FC Bayern München wurde. Der Österreicher, 1966 Meister mit dem Lokalrivalen TSV 1860, galt als Schleifer und Diktator.

Präsident Wilhelm Neudecker hatte mit Merkel vorher im Alleingang einen Zweijahresvertrag ausgehandelt und auch schon unterschrieben. Nach der Spielerrevolte trat Neudecker zurück. Obwohl Merkel nicht ein einziges Mal an der Säbener Straße das Training leitete, kassierte er bis 1981 das vereinbarte Gehalt. Erst danach wechselte der Wiener für ein Jahr zum KSC.

Den Text zur Bayern-Klubhymne »Stern des Südens« haben Stadionsprecher Stefan Lehmann und der Kabarettist und Liedermacher Willy Astor geschrieben.

Adidas war von 1974 bis 1978 der erste Trikotsponsor des FC Bayern.

2002 kaufte sich der Sportartikelriese, der den Klub seit 1965 ununterbrochen ausstattet, als erstes Unternehmen in die FC Bayern München AG ein. Für zehn Prozent der Anteile zahlte *Adidas* rund 70 Millionen Euro. Mittlerweile gehören *Adidas* noch 8,33 Prozent des Klubs, genau so viel wie *Audi* und der *Allianz*.

Ab der Saison 2015/16 soll *Adidas* dem Klub jedes Jahr 60 Millionen Euro für das Sponsoring zahlen. Bisher waren es rund 25 Millionen Euro pro Jahr.

Der SC Paderborn kassiert zum Vergleich von seinem Hauptsponsor 1,2 Millionen Euro pro Jahr.

Uli Hoeneß überlebte 1982 als einziger von vier Passagieren den Absturz eines Kleinflugzeugs – weil er nicht angeschnallt war und bei der Bruchlandung aus dem Flugzeug geschleudert wurde. Hoeneß wurde damals von einem Förster gefunden, als er orientierungslos und unter Schock stehend durch den Wald irrte.

Bevor das Ehepaar Hoeneß 2006 in sein imposantes, frei stehendes Anwesen am Tegernsee zog, wohnte die Familie mehr als 30 Jahre in einer recht schlichten Doppelhaushälfte in der Münchner Vorortgemeinde Ottobrunn.

Am Boden des Swimmingpools auf Hoeneß' Anwesen sind Bilder eines Bullen und eines Bären eingelassen. Bulle und Bär sind die Symbole der Börse.

Hoeneß lernte seine Frau Susanne als 15-Jähriger kennen. Beide waren Schülersprecher verschiedener Ulmer Gymnasien und überlegten, wie sie die gemeinsam herausgegebene Schülerzeitung sanieren könnten.

Weder Susanne Hoeneß noch die gemeinsamen Kinder waren bis zu seiner Selbstanzeige im Bilde über die Dimensionen der Börsenzockerei des Patriarchen. »Die hasst es, wenn ich zocke!«, erklärte Hoeneß einmal in einem *Zeit*-Interview. Mehrmals hatte die Familie versucht, Hoeneß vom Zocken abzuhalten.

Max Eberl war der erste Spieler, der den Sprung von allen Jugendmannschaften der Bayern zu den Profis schaffte. Eberl kam als Fünfjähriger zum FC Bayern und feierte am 19. Oktober 1991 18-jährig sein Debüt in der Bundesliga. Bayern verlor 2:3 in Stuttgart, Rechtsverteidiger Eberl wurde nach der ersten Halbzeit ausgewechselt. Es blieb sein einziges Spiel für die Bayern-Profis.

1976 drehten die Bayern gegen Bochum einen 0:4-Rückstand. Am Ende gewannen sie mit 6:5.

In der Allianz Arena gibt es 55o WC-Kabinen.

Bernd Hildebrandt, jüngerer Bruder des Kabarettisten Dieter, berichtete über Jahrzehnte für die Münchner *Abendzeitung* über den FC Bayern. Dabei schrieb er unter anderem als Erster über konkrete Gerüchte, dass Christoph Daum, damals Trainer bei Leverkusen, Kokain konsumieren würde.

Dieter Hildebrandt konnte mit den Bayern dagegen nichts anfangen. Der Kabarettist litt bis zu seinem Tod 2013 mit dem Lokalrivalen TSV 1860 München.

Als Sven Scheuer 1988 zum FC Bayern wechselte, mussten seine Eltern den Vertrag unterschreiben. Der gebürtige Böblinger war erst 17. Insgesamt elf Jahre blieb der Torwart mit der blonden Mähne bei den Bayern, immer als Nummer zwei. Erst hinter Raimund Aumann, dann hinter Oliver Kahn. Zehn seiner insgesamt 20 Spiele für die Bayern absolvierte Scheuer in der Saison 1994/95, als sich Kahn das Kreuzband riss.

Scheuers Ära bei den Bayern endete unrühmlich: Im Anschluss an die Partie gegen Hertha BSC im Oktober 1999 wurden er und Mario Basler vom Spielbetrieb suspendiert, Manager Uli Hoeneß forderte beide auf, sich neue Vereine zu suchen. In der Vorwoche waren beide gegen drei Uhr morgens in einer Regensburger Pizzeria von der herbeigerufenen Polizei angetroffen worden. Zuvor war es zwischen Scheuer und einem Gast zu Handgreiflichkeiten gekommen. Hoeneß begründete die Suspendierung der Pizzafreunde so: »Mario Basler hat sein Privatleben überhaupt nicht im Griff. Er und Sven Scheuer haben fast nie so gelebt, wie man es von einem Profi erwarten kann. Der Krug geht so lange zum Brunnen, bis er bricht. Jetzt ist er gebrochen.«

Mario Basler quittierte Hoeneß' Krugvergleich staubtrocken: »Diesen Schwachsinn muss ich mir Gott sei Dank in Zukunft nicht mehr anhören.« Noch im Oktober wechselte der Mittelfeldspieler für 1,5 Millionen Mark Ablöse zu seinem Heimatklub Kaiserslautern. Scheuer zog es in der Winterpause in die Türkei zu Adanaspor.

Die Regensburger Pizzeria, in der Scheuers und Baslers Karriere beim FC Bayern endete, heißt »Trattoria da Fernando«. Es gibt sie bis heute.

Im Jahr 2006, Scheuer spielte mittlerweile beim Böblinger Amateurklub TSV Schönaich, musste er sich nach einer Prügelei wegen Sachbeschädigung vor Gericht verantworten. Der Keeper gab damals an, »momentan von meinen Eltern und Arbeitslosengeld II« zu leben. Was sich der Richter kaum vorstellen konnte, aber am Ende doch glaubte.

Jean-Pierre Papin gelangen in seinen zwei Jahren beim FC Bayern zwar nur drei Tore, sein Treffer gegen Uerdingen im September 1995 per Seitfallzieher wurde aber zum Tor des Jahres gewählt.

Franz Beckenbauer nannte Papin bevorzugt »Schapapapa«. In Frankreich wurde der wuselige Stürmer eher »JiPéPé« genannt.

Von den 20 Spielern, die bis Juni 2017 vom FC Bayern nach Italien wechselten, hat Andreas Brehme die meisten Einsätze in der Serie A absolviert. Von 1988 bis 1992 absolvierte der Außenverteidiger und Weltmeister von 1990 für Inter Mailand 116 Spiele, in denen ihm elf Tore gelangen. Rekordnationalspieler Lothar Matthäus, der gemeinsam mit Brehme nach Mailand ging, absolvierte ein Spiel weniger für Inter. Dafür schoss er 40 Tore.

Hans-Wilhelm Müller-Wohlfahrts Tochter Maren war ab 1999 Lebensgefährtin von Lothar Matthäus. Sie begleitete den Rekordnationalspieler sogar nach New York, als er dort für die örtlichen MetroStars kickte, und studierte am Lee Strasberg Theatre and Film Institute Schauspielerei. Die Beziehung seiner Tochter zum rund 15 Jahre älteren Matthäus gefiel dem »Doc« überhaupt nicht.

Maren Müller-Wohlfahrt ist heute Kunstgaleristin.

Bei Gründung der Champions League im Jahr 1992 war der FC Bayern nicht dabei. Deutscher Teilnehmer war damals stattdessen der VfB Stuttgart – der die Gruppenphase verpasste.

Das Finale der ersten Champions-League-Saison 1992/93 fand im Münchner Olympiastadion statt. Olympique Marseille gewann mit Stürmer Rudi Völler durch ein Tor des Verteidigers Basile Boli mit 1:0 gegen den AC Milan.

Die Schuhe, in denen Lothar Matthäus das WM-Finale 1990 bestritten hat, haben die Größe 40 2/3.

Weil bei einem seiner »Adidas Copa Mundial« in der ersten Halbzeit die Sohle brach und Matthäus in der Pause die Schuhe wechselte, überließ er den Elfmeter, der Deutschland gegen Argentinien zum Weltmeister machte, Andreas Brehme.

Bis zum Sohlenbruch hatte Matthäus laut eigener Aussage acht Jahre und 70 Länderspiele lang mit denselben Schlappen in der Nationalmannschaft gespielt.

Geschnürt worden waren die Weltmeisterschuhe übrigens von Diego Maradona: Zwei Jahre vorher hatte Matthäus die Schuhe beim Abschiedsspiel für Michel Platini Maradona geliehen, weil der Weltstar seine eigenen vergessen hatte. »Ich hatte zwei Paar dabei. Maradona hat damals die lockere Schnürung der Südamerikaner aufgezogen. Ich habe das dann einfach so gelassen«, erzählte Matthäus später einmal.

Matthäus hat nur in der Nationalmannschaft *Adidas*-Schuhe benutzt. In seinen Vereinen vertraute er auf Produkte des Herzogenauracher Konkurrenten *Puma*. Sein Vater war dort angestellt, *Puma* förderte Matthäus' Karriere von Beginn an.

Lothar Matthäus wurde von seinen Mitspielern wegen seiner Tratschsucht »Schallplatte« genannt. Thomas Müller bezeichnet seinen Plapperdrang gern selbst als »Müller-Radio«.

Matthäus telefonierte zu seinen Zeiten beim FC Bayern mindestens einmal am Tag mit dem *Bild*-Reporter Wolfgang Ruiner, von Kollegen und Spielern auch »Blunzi« genannt.

Oliver Kahns erstes Buch hieß »Ich.«. Untertitel: »Erfolg kommt von innen«.

Kahns zweites Buch hieß »Du«, und weiter: »... packst es. Wie du schaffst, was du willst«.

Giovanni Trapattoni setzte am 15. April 1995 in Frankfurt vier statt der damals erlaubten drei Amateurspieler ein. Konsequenz des Trap'schen Jugendwahns: Frankfurt legte erfolgreich Protest ein, Bayern verlor das Spiel am Grünen Tisch mit 0:2. Auf dem Platz hatte die verbesserte Münchner Amateurtruppe die Eintracht noch mit 5:2 geschlagen und den eigentlich höchsten Saisonsieg eingefahren. »Trap« entschuldigte sich elegant: »In Italien gibt es diese Regel nicht.« Einige Wochen später verkündete der Mister seine Rückkehr über den Brenner. Die erste Amtszeit des bei den Spielern äußerst beliebten Trainers bei den Bayern endete auch wegen solcher Missgeschicke nach nur einem Jahr.

Dietmar Hamann war der vierte Amateur, den Trapattoni gegen Frankfurt aufs Feld schickte. Zuvor hatte er bereits Verteidiger Marco Grimm für den verletzten Thomas Helmer eingewechselt. Sven Scheuer und Sammy Kuffour hatten von Beginn an gespielt.

Marco Grimm machte nach der Partie gegen Frankfurt kein Spiel mehr für die Profis des FC Bayern. Nach der Saison wechselte er zum VfB Stuttgart, wo er in drei Jahren immerhin 26-mal in der Bundesliga zum Einsatz kam.

Schon vor seinem Wechsel zu den Bayern wurde Trapattoni in Italien »il tedesco« (der Deutsche) genannt. Der elegante Trainer hatte in jungen Jahren blonde Haare. In Deutschland war »il maestro« geläufiger.

Giovanni Trapattonis Co-Trainer war Klaus Augenthaler.

Am Klingelschild der Dachgeschosswohnung in der Schwabinger Schellingstraße, die Otto Rehhagel und seine Beate in der Saison 1995/96 bewohnten, stand »Rubens« statt »Rehhagel«. Angebracht hatte das Schild der Bauträger – schon lange bevor die Rehhagels einzogen. Das Klingelschild wurde dem Trainer trotzdem negativ ausgelegt.

Während der Trainingseinheiten trug Rehhagel gern eine Kappe mit der Aufschrift »Otto ... find ich gut«.

Im Januar 1996 fragte Rehhagel im Trainingslager einen jungen Reporter der *Abendzeitung*, ob der schon verheiratet sei. Als der Reporter verneinte, hielt der Trainer ihm einen Vortrag über die Bedeutung der Ehe – und sparte auch nicht mit wertvollen Ratschlägen. Der wichtigste: Man dürfe seinen Partner nie betrügen, da Lügen die Liebe zerstörten. Er selbst habe seine Beate nie belogen. Selbstredend.

»Fachfragen, nur Fachfragen«, belehrte Rehhagel die Reporter in seinen Presserunden beim FC Bayern. Eines Tages brüskierte ein älterer Reporter ihn, den gelernten Anstreicher, mit einer wirklichen Fachfrage: »Ich muss morgen das Kinderzimmer streichen. Welche Dispersionsfarbe würden Sie empfehlen?«

Vier Tage vor dem UEFA-Cup-Finalhinspiel 1996 gegen Gi-
rondins Bordeaux entließ der FC Bayern Rehhagel. Den
einzigen UEFA-Cup der Klubgeschichte gewann somit als
Trainer der kurzfristig eingesprungene Franz Beckenbauer.
Immerhin dankte er bei der Finalfeier dem geschassten Ex-
Coach für dessen Arbeit. Nach dem Europapokaltriumph trat
Beckenbauer Mitte Mai zurück. Während der letzten Spiele in
der Bundesliga betreute Klaus Augenthaler die Mannschaft.

Nachfolger von Beckenbauer und Augenthaler wurde 1996
wieder Trapattoni, der mit den Bayern ein Jahr später die Meisterschaft holte. 1998 gewann Bayern unter dem zunehmend
lustlosen »Trap« noch den DFB-Pokal. Und das trotz oder wegen seiner legendären »Flasche leer«-Rede.

Augenthaler spielte bis 1996 parallel zu seiner Tätigkeit als
Co-Trainer sporadisch noch für die zweite Mannschaft des FC
Bayern.

Außenseiter ziehen sich an: Jürgen Klinsmann und Andreas
Herzog sind seit ihrer gemeinsamen Saison unter Otto Rehhagel beim FC Bayern befreundet. »Er war dort der Einzel-
gänger und ich war als Ottos Ziehsohn schnell der Außenseiter, als es später nicht mehr lief. Das hat uns irgendwie
zusammengebracht«, erzählte Herzog bei werder.de über die
Entstehungsgeschichte der Freundschaft. 2004 vermittelte
Klinsmann den Österreicher an LA Galaxy, 2011 holte der
einstige Stürmer, mittlerweile Nationaltrainer der USA, den
früheren Spielmacher als Co-Trainer in die USA. Herzog
betreut außerdem die U23 der USA.

Giovanni Trapattonis »Flasche leer«-Rede war ein 0:1 auf Schalke vorausgegangen. Thomas Strunz und Mario Basler hatten sich danach öffentlich über den Trainer beschwert, weil er sie nicht aufgestellt hatte. Nach dem Spiel hatte der Trainer seine Mannschaft im Hotel zusammengestaucht, dabei war eine Flasche Rotwein umgefallen, die auch Uli Hoeneß nass gemacht hatte. Danach hatte sich Trapattoni bis Dienstag von den Bayern verabschiedet und war nach Italien gefahren. Am Dienstag um 15 Uhr begann schließlich die fatale Pressekonferenz.

Die Wutrede hatte sich Trapattoni auf acht Zetteln aufgeschrieben. »Die Zettel waren kariert und mit Bleistift beschrieben, das werde ich nie vergessen«, erinnerte sich Jahre später Bayerns Mediendirektor Markus Hörwick in der *Welt*. Trapattonis erste Worte zu den Journalisten lauteten: »Sind Sie bereit?« Die nächsten 3:30 Minuten sind in die Geschichte eingegangen.

»Struuunz« klingt im Italienischen ähnlich wie »stronzo«. Das heißt so viel wie »Vollidiot«. Vor allem darum wurde »Traps« Wutrede auch in Italien Kult.

Weil die Bayern 2001 vor dem Auswärtsspiel in Köln die passenden Ausweichtrikots in München vergaßen, mussten sie die Partie mit ihren weißen Aufwärmleibchen bestreiten. Sie gewannen trotzdem 2:0.

Willy Sagnol benötigte 148 Einsätze, um 100 Spiele in der Bundesliga zu gewinnen.

Der Vater des langjährigen Verteidigers Daniel van Buyten, Typ eisenhart und torgefährlich, war Profi-Catcher.

Philipp Lahm heftet seine Kontoauszüge ab.

Bastian Schweinsteiger hat Schuhgröße 44,5.

In seiner Jugend wurde Schweinsteiger unter anderem von Stephan Beckenbauer trainiert, unter dem er 2001 auch Deutscher B-Jugend-Meister wurde. Der Sohn des Kaisers stand 1986 bis 1988 selbst im Profikader des FC Bayern, spielte aber nur für die Amateure und wechselte 1988 zum Lokalrivalen 1860. »Ich konnte meinen Vater nicht mehr sehen«, sagte er später. Bei den »Löwen« machte Beckenbauer, Libero wie der Vater, 31 Spiele in zwei Jahren in der damals drittklassigen Bayernliga, ehe er nach Offenbach und schließlich 1992 nach Saarbrücken wechselte, wo er zwölfmal in der Bundesliga zum Einsatz kam. 1994 kehrte Beckenbauer zu den Bayern-Amateuren zurück und wurde nach dem frühen Ende seiner Karriere – eine Knieverletzung zwang ihn 29-jährig dazu – Jugendtrainer zu werden. Von 2012/2013 bis zu seinem Tod am 31. Juli 2015 war er als Scout für den FC Bayern tätig. Beckenbauer verstarb an den Folgen eines Hirntumors. Vater Franz zog sich in der Folge für einige Zeit aus der Öffentlichkeit zurück.

Louis van Gaals kompletter Name lautet: Aloysius Paulus Maria van Gaal.

Van Gaals Töchter müssen ihn siezen. Einst hatte er auch seine eigene Mutter gesiezt.

Uli Hoeneß, der sich später zu van Gaals Intimfeind bei Bayern entwickeln sollte, duzte der Trainer. Schließlich ist der ein Jahr jünger als er.

Van Gaals Biografie trägt den Titel »Biographie und Vision« und besteht aus zwei Büchern: eines über seine persönliche Geschichte, eines über seine fußballerischen Ansichten. Als er die deutsche Version der Bücher 2010 in München vorstellte, drückte er dem Vorstandsvorsitzenden Karl-Heinz Rummenigge die zwei insgesamt drei Kilo schweren Wälzer mit den Worten in die Hand: »Für Sie ist das auch wichtig zu lesen.« Rummenigge verschlug es die Sprache.

Zum Zeitpunkt der Buchvorstellung hatte der FC Bayern 13 Punkte Rückstand auf Spitzenreiter Dortmund.

Während der Meisterfeier auf dem Rathausbalkon im Mai 2010 bezeichnete sich van Gaal als »Feierbiest«. Weil Muttertag war, rief er noch: »Und einen Kuss an alle Muttis.«

Hermann Gerland, Co-Trainer und zuvor jahrelang Amateurcoach und Talente-Entwickler der Münchner, trinkt bei Titelfeiern am liebsten Whiskey-Cola.

Gerlands Spitzname ist schon seit Jahrzehnten »Tiger«.

Ex-Trainer Pep Guardiola brach nach nur einem Jahr sein Jurastudium ab und machte stattdessen während seiner Profikarriere eine Ausbildung zum Physiotherapeuten.

2006 ließ Guardiola seine Profikarriere bei dem kleinen Verein Dorados de Sinaloa in Mexiko ausklingen, weil dort in Juanma Lillo ein Trainer tätig war, den er sehr verehrte. Weder der Coach noch der Bald-Trainer konnten jedoch den Abstieg des Vereins in die zweite Liga verhindern.

Die sechs Monate in Mexiko waren die einzigen, in denen Guardiola von seiner Familie getrennt war. Seine Frau Cristina und die drei Kinder waren in Spanien geblieben.

Weitere Vorbilder als Trainer sind für Guardiola Jorge Valdano, Cesar Luis Menotti und natürlich Johann Cruyff. Auch Arrigo Sacchi bewundert er.

Manel Estiarte, Guardiolas engster Vertrauter und persönlicher Assistent beim FC Bayern, war Wasserballer und gewann 1996 Olympia-Gold mit der spanischen Mannschaft.

Seine Frau Cristina lernte Guardiola einst im Jeansladen ihrer Eltern kennen. Der damalige Jungprofi wollte sich eine Hose kaufen.

Im Juli 2011 – Guardiola hatte gerade seinen Vertrag in Barcelona verlängert – ließ der Trainer sich im Rahmen des Audi-Cups in der Allianz Arena auch Bayerns Trainingsgelände zeigen. Als er im Stadion später Bayerns Bosse um Präsident Uli Hoeneß traf, sagte er den folgenschweren Satz: »Ich kann mir vorstellen, irgendwann für den FC Bayern München zu arbeiten.«

Nachdem Guardiola im April 2012 seinen Rücktritt in Barcelona bekanntgegeben hatte, kontaktierten die Bayern sofort Peps Bruder und Berater Pere und bekundeten ihr Interesse. Im Dezember 2012 flog Hoeneß nach New York, wo Guardiola während eines Sabbaticals lebte, und unterschrieb den Vertrag mit dem Katalanen.

Jupp Heynckes, Hoeneß' enger Freund und damaliger Trainer der Bayern, war nicht informiert – und nicht amused.

Bastian Schweinsteiger gratulierte Jupp Heynckes zu dessen 70. Geburtstag am 9. Mai 2015 unter anderem auch via Twitter. Dort riet er seinem Ex-Trainer: »Lass den Tiger raus!«

Philipp Lahms Mutter Daniela ist bis heute Jugendleiterin bei der FT Gern.

Philipp Lahm hatte als Jugendlicher Angebote von beiden großen Münchner Klubs. Nach einem Probetraining beim TSV 1860 lehnte er einen Wechsel nach Giesing aber ab. Grund: Die Tornetze waren löchrig. Wenig später wechselte Lahm zum FC Bayern. Er war damals zwölf Jahre alt.

Robert Lewandowskis Frau Anna Lewandowska wurde 2013 Karate-Weltmeisterin mit der polnischen Nationalmannschaft.

Kurz nach ihrer kirchlichen Hochzeit im Jahr 2013 holten sich Anna und Robert Lewandowski bei einer Privataudienz in Rom auch noch den päpstlichen Segen.

Lewandowskis Vater Krzystof war erfolgreicher Judoka, seine Mutter Iwona spielte in der höchsten polnischen Volleyballliga.

Schiedsrichter Knut Kircher verwarnte Oliver Kahn nach dessen Beißattacke gegen Dortmunds Heiko Herrlich mit Gelb und den Worten: »Herr Kahn, ich zeige Ihnen jetzt die Gelbe Karte. Bitte nicht beißen.«

Mehmet Scholl absolvierte zwischen 1995 und 2002 insgesamt 36 Länderspiele, nahm aber nie an einer WM teil: 1998 nominierte ihn Bundestrainer Berti Vogts trotz starker Leistungen nicht, vor der WM 2002 beendete Scholl aus gesundheitlichen Gründen seine Karriere in der Nationalmannschaft. Als er in der Saison 2005/06 vor allem als Einwechselspieler für Furore beim FC Bayern sorgte, forderten viele, dass Klinsmann ihn mit zum »Sommermärchen« nehme. Doch der lehnte ab.

Scholl war B-Jugend-Meister im Mannschaftskegeln. Nach dem Ende seiner aktiven Fußballkarriere wurde er Mitglied der Kegelabteilung des FC Bayern.

2012 gründete Scholl das Münchner Indiemusik-Label Milaphon.

Anatoliy Tymoshchuk nahm bei seinem Wechsel von Zenit St. Petersburg im Jahr 2009 eine eigene Masseurin aus Thailand, einen Koch und einen eigenen Pressesprecher mit nach München.

Der Ukrainer sammelt Weine, hat in seinem Haus in Donezk einen riesigen Weinkeller mit einigen teuren Tropfen. Er trinkt aber keinen Alkohol.

Als Kind betrieb Tymoshchuk auch Kunstturnen. Seine Schwester Inna ist Basketballerin.

Als Kapitän der ukrainischen Nationalmannschaft und in Donezk und St. Petersburg trug er eine schwarz-rot-goldene Binde – die Jahre zuvor Lothar Matthäus getragen hatte. Donezks damaliger Co-Trainer Alexander Spiridon, ein Moldawier, hatte sie einst nach einem Länderspiel mit Matthäus getauscht und später Tymoshchuk geschenkt.

Paul Breitner war fünf Jahre lang der teuerste Spieler der Welt. Die umgerechnet 1,5 Millionen Euro, die Real Madrid 1974 an den FC Bayern überwies, waren bis 1979 die Rekordablöse im Weltfußball.

Stürmer Adolfo Esteban Valencia wurde von seinen Mitspielern und sogar vom damaligen Interimscoach Frank Beckenbauer hinter vorgehaltener Hand »Entlauber« genannt – wegen seiner Vorliebe, die Bälle im Training hoch in die Botanik zu schießen. Als Valencia 1993 zum FC Bayern wechselte, hatte er noch den Beinamen »El tren« (»Der Zug«).

»Unser Neger hat den längsten«, sagte Lothar Matthäus einmal in der Mixed Zone zu Reporterinnen. Er meinte Valencia. Soll noch einer sagen, ein Lothar Matthäus rede nur über sich.

Jupp Heynckes nannte Verteidiger Hansi Pflügler während seiner ersten Amtszeit bei den Bayern am liebsten »Rambo«. Grund: Pflügler stellte sich im Zweikampf bisweilen recht hölzern an. Später wurde Pflügler immerhin Weltmeister. Heute leitet er die Fanartikel-Abteilung der Münchner.

Franz Beckenbauer hat am 11. September Geburtstag.

Toni Kroos und Hartmut Engler von der Band Pur sind befreundet.

Mario Gomez' Berater ist der Mann und Manager von Schlagerstar Andrea Berg. Gemeinsam sind sie Teilhaber beim Klub Sonnenhof Großaspach. Gomez gehört auch ein Teil des neuen Stadions des Viertligisten.

Karl-Heinz Rummenigge wechselte 1984 für 11 Millionen Mark zu Inter Mailand. Danach war der FC Bayern praktisch schuldenfrei.

Als erste Amtshandlung verpflichtete Uli Hoeneß 1979 als Manager des FC Bayern seinen Bruder Dieter vom VfB.

Gerd Müller war sich eigentlich schon mit dem TSV 1860 einig, musste nur noch den Vertrag unterschreiben. Weil aber zwei Stunden vor dem vereinbarten Termin mit den »Löwen« ein Emissär der Bayern bei den Müllers in Nördlingen klingelte, wechselte Gerd kurzerhand zum Lokalrivalen. Sein Heimatklub FC Nördlingen erhielt 5000 Mark Ablöse.

Der »Bomber der Nation« ist gelernter Weber.

Georg »Katsche« Schwarzenbeck, Franz Beckenbauers Bodyguard auf dem Platz, ist gelernter Buchdrucker.

Nach seiner aktiven Karriere übernahm Schwarzenbeck 1980 den Schreibwarenladen Nitzinger in der Münchner Ohlmüllerstraße von seinen drei Tanten und stand jeden Tag selbst hinter dem Verkaufstresen. Bis zur Schließung 2009 (»es hat sich nicht mehr rentiert«) war der Laden nach seiner Tante benannt. Den FC Bayern beliefert er auch nach der Schließung des kleinen Ladens weiter mit Papier, Stiften, Ordnern, Blöcken und Co.

Karl-Heinz Rummenigge und sein Bruder Michael haben beide eine Lehre als Bankkaufmann absolviert, ehe sie als Profifußballer durchstarteten.

Als die Mauer fiel, wurde Uli Hoeneß ein junger Dresdner Spieler namens Matthias Sammer angeboten. Der Manager lehnte charmant ab: »Was soll ich jetzt mit einem DDR-Spieler. Ich habe andere Sorgen.«

Im Sommer 2012 wäre Hoeneß froh um solche Sorgen gewesen. Nach dem dramatisch verlorenen »Finale dahoam« gegen Chelsea holte er Sammer doch noch zu den Bayern. Der frühere Dortmunder sollte als Sportvorstand neue Impulse setzen und den Chefmahner geben. Klappte ganz gut.

Bixente Lizarazu trug während seiner zweiten Periode beim FC Bayern (2005/06) die Rückennummer 69. Er ist 1,69 Meter groß, wiegt 69 Kilo und wurde 1969 geboren.

Lizarazu ist Baske und wurde nach seiner Karriere Surfer und Fußballexperte im TV.

Als Paul Breitner 2014 für den FC Bayern den Sport-Oscar Laureus entgegennahm, freute er sich doppelt. »Für meine Rolle in ›Potato-Fritz‹ habe ich den Oscar ja leider nicht bekommen«, sagte er in seiner Dankesrede. Das zumeist internationale Publikum in Malaysia hatte wahrscheinlich keine Ahnung, wovon er sprach. Klatschte aber dennoch höflich.

Franz Beckenbauers Mobilnummer lautete eine Zeit lang 0176/6666666, später dann, nach seinem Wechsel von e-Plus zu Viag Interkom (heute O2), 0179/6666666. Dumm nur, dass das fast die halbe Republik wusste.

Rudi Eger, bis zu seinem Tod 2002 23 Jahre lang Busfahrer der Bayern, war der einzige Busfahrer der Liga mit eigenen Autogrammkarten. Auch seine Tochter Sandra kutschierte die Bayern-Profis.

Vor »Bernie« hieß das Maskottchen des FC Bayern »Bazi«. Einen eigenen Twitter-Account hatte das drollige »Manschgerl« mit Segelohren, Knollennase und Lederhose nicht. Seinen Nachfolger, den Bären »Bernie«, erreicht man bei Twitter unter @fcberni12.

Abedi Pelé dachte bis zu seiner Vorstellung in München, er sei vom FC Bayern München verpflichtet worden. War aber nur der Aufsteiger TSV 1860. Dennoch blieb er zwei Jahre und wurde zum Publikumsliebling bei den »Löwen«.

Pelés drei Söhne Rahim, André und Jordan sind Nationalspieler Ghanas. André und Jordan machten ihre ersten fußballerischen Schritte bei den »Löwen« und spielen heute gemeinsam für Olympique Marseille.

Thomas Müller fragte seine heutige Frau Lisa an Heiligabend 2009, ob sie ihn heiraten wolle. Die beiden kamen gerade von der Christmette heim, den Antrag machte er ihr auf den Treppen vor dem Haus seiner Eltern. Beide waren damals gerade mal 20 Jahre alt.

Thomas Tuchel traf sich während seines Sabbaticals in der Saison 2014/15 mit Bayerns Coach Pep Guardiola zum Abendessen. Zweimal. In der bekannten Münchner Bar Schumann's stellten sie mit Salz- und Pfefferstreuern taktische Spielzüge nach.

Philipp Lahm spielte am 25. März 2014 in der Partie gegen Hertha BSC 134 Pässe. Alle kamen an.

Mit 213 Ballkontakten in einem Spiel hielt Xabi Alonso seit dem 27. September 2014 den Rekord in der Bundesliga. Dortmunds Julian Weigl war am 14.5.2016 beim 2:2 seiner Mannschaft gegen Köln ein Mal öfter am Ball.

Hans-Wilhelm Müller-Wohlfahrt »gewann« in seinen 38 Jahren als Mannschaftsarzt des FC Bayern 19 Meisterschaften. Dazu kommen zwölf Triumphe im DFB-Pokal, sechs Ligapokale, vier Supercups, zwei Weltpokale, zwei Champions-League-Titel, ein UEFA-Cup und ein UEFA-Supercup.

Müller-Wohlfahrts Sohn Kilian ist ebenfalls Arzt. Von Januar 2015 bis zum abrupten Rücktritt seines Vaters im April 2015 arbeitete auch er für den FC Bayern.

Pep Guardiola war eng mit dem katalanischen Volksdichter Miquel Martí i Pol befreundet. Als Guardiola beim FC Barcelona kickte, besuchte er den Dichter oft in seinem Haus. »Er wollte immer, dass ich ihm seine Gedichte vorlese, weil er den Klang der Wörter so mochte. Mir war das am Anfang eher peinlich«, sagte Guardiola im Juni 2015 im Münchner Literaturhaus – wo er Martí i Pols Gedichte öffentlich vorlas.

Renato Sanches könnte dem FC Bayern bis zu 85 Millionen Euro Ablöse kosten. Dafür müsste der Mittelfeldspieler unter anderem Weltfußballer werden.

Correntin Tolisso wird in seiner französischen Heimat wegen seiner Vielseitigkeit auch »Schweizer Armeemesser« genannt. Tolisso kann praktisch überall im Mittelfeld und außerdem im Sturm und als Rechtsverteidiger spielen.

Tolissos Wechsel zum SSC Neapel scheiterte an einer Fernsehserie. Tolissos Berater erzählte einmal, dass sein Schützling zu jener Zeit die Serie »Gomorrha« verfolgt habe und sich darum ein wenig Sorgen wegen der allgegenwärtigen Camorra in der Stadt gemacht habe. Also blieb er ein weiteres Jahr in Lyon.

David Alabas Vater George Alaba arbeitete als DJ in einer Gogo-Bar, ehe er Manager seiner Kinder wurde. 1997 war er Teil des Duos »Two in One«, ihr Lied »Indian Song« schaffte es auf Platz zwei der österreichischen Charts.

George Alaba war zudem einst der erste dunkelhäutige Gardesoldat Österreichs.

David Alabas Schwester Rose May ist Sängerin.

Jérôme Boatengs Schwester Avelina ist Tänzerin.

Carlo Ancelotti ist leidenschaftlicher Hobbykoch.

Bevor Ancelotti 2016 zum FC Bayern kam, verbrachte er ein Jahr in Kanada, der Heimat seiner Frau. Dort entdeckte er das Lachsfischen für sich.

Ancelottis Sohn Davide ist Co-Trainer beim FC Bayern. Sein Schwiegersohn Mino Fulco ist als Ernährungsberater angestellt. Fulco heiratete 2014 Ancelottis Tochter Katia. Die ist Journalistin.

Ancelottis Eltern waren Milchbauern und belieferten die lokale Kooperative für Parmesankäse.

Franck Ribéry zog sich seine charakteristische Narbe auf der rechten Gesichtsseite im Alter von zwei Jahren zu. Bei einem Verkehrsunfall flog er durch die Windschutzscheibe. »Ich kann nicht ohne diese Narbe leben. Dann wäre ich nicht mehr Franck Ribéry. Sie gehört zu mir, zu meinem Leben. Ich bin glücklich so, alle kennen mich so. Als Kind wurde ich wegen der Narbe gehänselt, das war hart. Aber die Zeiten sind lange vorbei. Diese Narben und die Sprüche von anderen darüber haben mich stark gemacht und meinen Charakter geformt«, sagte er einmal.

Als Ribéry 2007 von Marseille nach München wechselte, begrüßte ihn sein Ausrüster mit einem überdimensionalen Plakat, das an der Fassade der Theatinerkirche hing. Darauf zu sehen: Ribéry in Siegerpose und protzigem Mantel. Daneben der Spruch: »Bayern hat wieder einen König.«

2003 ging Ribérys damaliger Club Olympique Alès pleite. Der junge Angreifer arbeitete danach einige Monate mit seinem Vater auf dem Bau.

2006 konvertierte Ribéry zum Islam, sein islamischer Name lautet Bilal Yusuf Mohammed. Seine Frau Wahiba stammt aus Algerien.

Franck Ribéry kaufte seiner Frau einst eine pinke Vespa. Hin und wieder fuhr er selbst damit zum Training.

Die Werbetonne, an der sich Jürgen Klinsmann nach einer Auswechslung durch Giovanni Trapattoni per Tritt abreagierte, steht heute im Bayern-Museum. Trapattoni hatte den Stürmer beim 0:0 gegen Freiburg in der 80. Minute für Vertragsamateur Carsten Lakies ausgewechselt.

Es war Lakies' erster und einziger Einsatz für die Bayern in der Bundesliga.

Co-Trainer Hermann Gerland ist begeisterter Pferdezüchter. 2010 verkaufte er Thomas Müller und dessen Frau Lisa die Stute Rimini. »Ich finde, er hat die schönste und anmutigste Stute bekommen«, sagte Gerland damals. Und weiter: »Ich habe Thomas einen sehr fairen Preis gemacht – bei mir gibt es nur faire Preise. Mir fehlt der Geschäftssinn, deswegen ist die Pferdezucht für mich ein Zuschussgeschäft.«

Thomas Müllers Frau Lisa ist Dressurreiterin.

Karl-Heinz Rummenigges Tochter Charlotte ist Dressurreiterin.

Jérôme Boateng hat den Mercedes-Stern seiner G-Klasse durch ein Logo mit den Initialen »JB« ersetzt.

Mazinho wurde 1994 mit Brasilien Weltmeister. Sein Sohn Thiago Alcántara ist spanischer Nationalspieler. Dessen jüngerer Bruder Rafinha spielt beim FC Barcelona, nahm aber 2013 mit der brasilianischen U-20-Nationalmannschaft an der Südamerikameisterschaft der Junioren teil.

Thiagos und Rafinhas Schwester Thaisa ist Basketballspielerin, ihre Mutter Valeria war Volleyballprofi.

SV Werder Bremen

Wenn man nach 1975 in einer beliebigen Bremer Kneipe einen »Ahlenfelder« bestellte, bekam man ein Pils und einen Malteser. Das Ahlenfelder-Gedeck wurde nach Schiedsrichter Wolf-Dieter Ahlenfelder benannt, der die erste Halbzeit des Spiels Bremen gegen Hannover bereits nach 30 Minuten abpfiff. Grund war besagte Kombination aus Pils und Malteser, die der Unparteiische kurz vor der Partie getrunken hatte – um die schwere Gans mit Rotkohl und Klößen zu verdauen, die es zum Mittagessen gegeben hatte. Blöd nur, dass es nicht bei einem Ahlenfelder geblieben war, sondern das Schiedsrichtergespann so viel gegessen hatte, dass es gleich zwei Runden bestellte – zum Essen hatten sie sich schon zwei Pils genehmigt.

Im Januar 1982 trug Otto Rehhagel bei der Partie in Bielefeld am Spielfeldrand eine kugelsichere Weste. Außerdem hatte er Polizeischutz dabei. Im Hinspiel hatte Bremens Norbert Siegmann dem Bielefelder Ewald Lienen mit seinem Stollen den Oberschenkel aufgeschlitzt. Eines der brutalsten – und ganz sicher spektakulärsten – Fouls der Bundesliga-Geschichte. Lienen hatte Rehhagel direkt nach dem Foul beschuldigt, Siegmann angestiftet zu haben. Daraufhin hatte Rehhagel Morddrohungen erhalten.

Wynton Rufer ist bis heute der einzige Neuseeländer, der in der Bundesliga gespielt hat. Naheliegender Spitzname des Stürmers: »Kiwi«. Rufer erzielte von 1989 bis 1994 insgesamt 59 Tore in 174 Spielen für Bremen.

Hugo Almeida benötigte 2007 lediglich 44 Sekunden für seine zwei Tore gegen Stuttgart. Das war der schnellste Doppelpack der Bundesliga-Geschichte.

Patrick Owomoyela spielte mit 18 noch Basketball in der Regionalliga, ehe er sich ganz für Fußball entschied. Bei seinem Erstligadebüt im Sommer 2004 war er schon 24 Jahre alt.

1997 wollte Bremen den jungen Chemnitzer Mittelfeldspieler Michael Ballack verpflichten und bot dem damals 20-Jährigen ein Jahresgehalt von umgerechnet 90.000 Euro. Ballack wollte 100.000. Bremen lehnte ab, Ballack wechselte zu Bundesliga-Aufsteiger Kaiserslautern und wurde in seiner ersten Saison gleich Meister.

Ebenfalls 1997 befanden sich die Bremer Scouts in Kiew, um den Mittelfeldspieler Jurij Maximow zu beobachten. Bei der Gelegenheit wurde dem Klub auch ein junger Stürmer namens Andrij Schewtschenko angeboten. Bremen lehnte, wie zwei Jahre zuvor schon der 1. FC Köln, ab. Schewtschenko wechselte 1999 zum AC Milan und wurde 2004 Europas Fußballer des Jahres. Maximow ging übrigens tatsächlich an die Weser, kam von November 1997 bis 2001 immerhin auf 69 Spiele und wechselte anschließend zum damaligen Zweitligisten Waldhof Mannheim.

2001 absolvierte Petr Čech ein Probetraining bei Werder. Der junge Torwart, damals 18 Jahre, überzeugte Trainer und Mitspieler auf Anhieb. Doch die Bosse wollten keine 600.000 Euro Ablöse für ein Torwart-Talent zahlen. Čech wechselte schließlich für dieselbe Summe innerhalb Tschechiens zu Sparta Prag – und ein Jahr später für fünf Millionen Euro zu Stade Reims. Chelsea zahlte 2004 stolze 13 Millionen Euro für den Torhüter.

Nelson Valdez erzielte das späteste Tor der Bundesliga-Geschichte. Am 6. August 2004, dem ersten Spieltag nach Bremens bislang letzter Meisterschaft, gelang dem Stürmer in der 83. Minute der Siegtreffer zum 1:0 über Schalke. Weil im gesamten Weserstadion kurz vor dem geplanten Spielbeginn um 20.30 Uhr der Strom ausgefallen war, konnte das Spiel erst um 21.35 Uhr angepfiffen werden. Valdez erzielte sein Tor um 23.13 Uhr.

Weltmeister und Real-Madrid-Star Toni Kroos nennt als sein Vorbild den ehemaligen Bremer Regisseur Johan Micoud (2002 bis 2006 bei Werder). Toni Kroos selbst spielte nie in Bremen, im Gegensatz zu seinem jüngeren Bruder Felix.

2006 adelte der große argentinische Trainer und Fußball-Philosoph César Luis Menotti die Spielweise Werders: Bremen spiele revolutionär und kreativ, was untypisch für den oft erstarrten deutschen Fußball sei.

Nur sieben Monate nach einer Nierentransplantation feierte Ivan Klasnic sein Comeback für Werders U23. Er musste fortan mit einem Schutzpanzer aus Karbon um die Hüften spielen.

Klasnic wurde im Januar 2007 erst eine Niere seiner Mutter transplantiert. Als sein Körper diese abstieß, bekam er im März eine Spenderniere.

Klasnic' beginnende Niereninsuffizienz wurde eher zufällig erkannt: Im Zuge einer Blinddarm-OP kamen 2005 die schlechten Blutwerte ans Licht. Im April 2008 reichte Klasnic eine Klage gegen Bremens Mannschaftsärzte ein. Er warf ihnen vor, dass sie seine Nierenerkrankung bereits 2002 hätten diagnostizieren müssen.

Ivan Klasnic erzielte fünf Treffer in der Champions League. Alle gegen RSC Anderlecht.

1999 ließ die inzwischen insolvente Bremer Reederei Beluga das Frachtschiff »Werder Bremen« vom Stapel. Es ist 121 Meter lang und schwarz-grün-weiß lackiert.

Willi Lemke, von 1981 bis 1999 Manager des SV Werder Bremen und Lieblingsfeind von Uli Hoeneß, hat seit April 2008 das schöne Amt mit dem Titel »Sonderberater des UN-Generalsekretärs für Sport im Dienste von Frieden und Entwicklung« inne.

Während seines Lehramtstudiums an der Uni Bremen wurde Lemke 1970 vom sowjetischen Geheimdienst KGB als Spion angeheuert. Als verfassungstreuer Bürger verriet er den Anwerbeversuch sofort dem Verfassungsschutz und war anschließend bis 1974 als Doppelagent tätig.

Während seiner Zeit als »Schlapphut« verriet Lemke, ab 1971 SPD-Mitglied, dem KGB vor allem Parteiinterna. Als die Sache aufflog, beharrte er darauf, lediglich Informationen weitergegeben zu haben, die »in jedem Adress- und Telefonbuch nachzulesen waren«.

Trotz der Querelen machte Lemke Karriere in der SPD, von 1999 bis 2007 war er Senator für Bildung und Wissenschaft und von 2007 bis April 2008 Senator für Inneres und Sport der Freien Hansestadt Bremen. Seit 2008 ist er Sonderberater für Sport des UN-Generalsekretärs.

Lemke sei »der Einzige, mit dem ich mich nie versöhne«, sagt Uli Hoeneß heute noch über seinen Intimfeind. Woher der Hass des tiefschwarzen Hoeneß auf den »roten Willi« ursprünglich kommt, wissen wahrscheinlich noch nicht mal mehr die beiden. Wahrscheinlich ist es einfach eine Summe der Fakten. Werder ist den Bayern sportlich lange auf die Nerven gegangen, dazu flogen Jahr für Jahr Sticheleien vom Norden in den Süden und wieder zurück. 2015 versöhnten sich die beiden doch noch. Nach seiner Zeit in Haft, nahm Hoeneß Kontakt auf mit seinem Intimfeind und bedankte sich, dass der sich hämische Kommentare über Hoeneß' Steuerhinterziehung verkniffen hatte. Wenige Wochen später trafen sie sich und reichten sich die Hand, mittlerweile besuchen sich die einstigen Feinde sogar zu ihren Geburtstagen.

Otto Rehhagel hatte von 1972 bis 1981 bereits sechs Klubs im Profibereich trainiert, ehe er in Bremen anheuerte – und bis 1995 blieb.

Im März 1970 schloss Rehhagel 31-jährig und als noch aktiver Bundesligaspieler in Kaiserslautern die Ausbildung zum Fußballlehrer an der Sporthochschule Köln ab. Er war Teilnehmer der letzten noch von Hennes Weisweiler ausgebildeten Klasse.

Bevor Rehhagel 1976 zum ersten Mal in Bremen arbeitete – er sprang damals als Feuerwehrmann bei den akut abstiegsgefährdeten Werderanern ein –, musste er eine zweimonatige Sperre absitzen. Der DFB hatte ihn wegen mehrerer Schiedsrichterbeleidigungen bestraft. Infolge der Sperre war Rehhagel bei den Offenbacher Kickers fristlos gekündigt worden.

Ailton kam in seinen sechs Jahren in Bremen nur einmal pünktlich aus dem Weihnachtsurlaub in Brasilien zurück.

Arnold Schütz ist mit 826 Einsätzen zwischen 1955 und 1972 Rekordspieler des SV Werder Bremen. Seinen bürgerlichen Vornamen kennt aber kaum einer. Schütz heißt für Fans, Mitspieler und Presse seit jeher »Pico«. Der Name wurde ihm bereits als Kind auf dem Fußballplatz verpasst. »Weil ich immer der Kleinste war«, wie er vor seinem 80. Geburtstag am 19. Januar 2015, drei Monate vor seinem Tod, wiederholt erklärte.

Pico Schütz begann als Stürmer und beendete seine Karriere als Libero. Er gewann mit Werder 1961 den DFB-Pokal, 1965 wurde er Meister. Von seinem ersten Profigehalt kaufte Schütz laut eigener Aussage seinem Sohn »eine Hose, meiner Tochter eine Jacke und meiner Frau eine neue Bluse«. Im Hauptberuf war er Schadensgutachter für eine Versicherungsgesellschaft, wie es damals so schön hieß. Heute würde man schlicht »Gutachter« sagen.

Rudi Assauer verbrachte 15 Jahre in Bremen. Sechs als Spieler und im Anschluss an seine Profikarriere fünf als Manager. Nach seiner ersten Entlassung auf Schalke 1986 arbeitete

Assauer dann erneut vier Jahre in Bremen – als Immobilien-makler und -händler.

Viktor Skripnik war von 1996 bis zum 18. September 2016 bei Werder Bremen. Erst als Spieler, dann als Jugend- und Amateurtrainer, und ab Oktober 2014 Coach der Bundesli-ga-Mannschaft. Der Ukrainer war damit länger bei Bremen als einst Otto Rehhagel.

Skripniks Nachfolger Alexander Nouri war 2014 schon sein Nachfolger bei Werders Amateuren. Nouri ist der Sohn eines aus dem Iran stammenden Chemikers. Alexander ist studierter Gesundheitsmanager.

Stadionsprecher und Kultfan Arnd Zeigler etablierte für Skripnik einst die Bezeichnung »Beckham der Ukraine«. Dem Ukrainer ist das eher peinlich. Zwar konnte er auch recht brauchbare Flanken und Freistöße schießen, doch vie-le Haare auf dem Kopf zum Stylen hatte er nie.

Skripnik beendete seine aktive Karriere mit dem Double-Ge-winn 2004. Im vorletzten Heimspiel jener Saison wurde er in der 72. Minute für Pekka Lagerblom eingewechselt und erziel-te per Elfmeter das Tor zum 6:0-Endstand. Zuvor war er von den Fans mit Sprechchören dazu aufgerufen worden, den Elfer zu schießen.

Als Werder Skripnik zum Cheftrainer der Profis befördern woll-te, fragte ihn seine Frau Liana: »Viktor, brauchst du das?« So erzählte es der Coach im April 2015 dem Magazin *11Freunde*.

Im selben Interview offenbarte der Ukrainer, dass er 1987 als Student zum ersten Mal ein Spiel Bremens gesehen habe. Der junge Skripnik schaute sich gemeinsam mit seinem Vater im TV den unglaublichen Bremer 6:2-Sieg nach Verlängerung gegen Spartak Moskau im Rückspiel der zweiten Runde des UEFA-Cups an. Nach dem 1:4 im Hinspiel kam Werder weiter – und hatte in Skripnik einen neuen Fan gefunden.

Skripnik begann seine Karriere beim nur für Ukrainer ordentlich aussprechbaren Klub Dnipro Dnipropetrowsk. Von dort wechselte er 1996 nach Bremen – »ein Zufall, ein sehr glücklicher Zufall«, wie er *11Freunde* sagte.

Thomas Schaaf gehörte von 1972 bis 2013 dem SV Werder an. Mit einer Amtszeit von 14 Jahren und fünf Tagen ist er mit Abstand der Trainer, der am längsten ununterbrochen für einen Klub in der Bundesliga gearbeitet hat.

Schaaf wurde in Mannheim geboren, doch nach dem frühen Tod des Vaters zog die Mutter mit den Kindern 1965 nach Bremen. Thomas war damals vier.

Bereits von 1988 bis 1995 arbeitete Schaaf als Trainer bei Bremen. Er betreute noch als Spieler verschiedene Jugendmannschaften Werders.

Bereits seit 2010 ist Schaaf Ehrenmitglied des SV Werder.

Diego, Ailton und Thomas Schaaf sind mit ihren Handabdrücken als Einzige aus der Werder-Familie auf dem Granitboden der Bremer Mall of Fame verewigt. Damit sind sie in bester Gesellschaft mit beispielsweise Rudi Carrell, Peter Maffay, Katja Ebstein, Hape Kerkeling und anderen, die sich um die Hansestadt Bremen verdient gemacht haben.

1992 verpflichtete Bremen Andreas Herzog für 1,5 Millionen Euro von Rapid Wien, drei Jahre später zahlte der FC Bayern für ihn 2,5 Millionen. Nach nur einer Saison holte Werder ihn für 1,75 Millionen zurück. Um den bei Bayern nicht glücklich gewordenen – und von Oliver Kahn gern mal heftig durchge-schüttelten – Herzog zurück an die Weser zu holen, musste Bremen Mario Basler nach München ziehen lassen.

Die Werder-Fans nannten Herzog liebevoll »Herzerl«. Bei Ra-pid hieß er zuvor eher »Herzl«.

Herzog verpasste Torsten Frings den Spitznamen »Lut-scher«. Die Geschichte hinter dem Namen erzählte Herzog einmal bei werder.de so: »Als er aus Aachen nach Bremen kam, gehörte er zu den ganz Jungen, er gehörte auch zu den richtig Guten. Aber er gehörte auch zu den richtig Frechen. Er durfte relativ oft bei den Alten schon im Kreis mitspie-len. In diesem Kreis spielten auch der Oliver Reck und ich mit. Einmal spielte der Oli Reck einen Ball auf Torsten, der danach einen Fehler machte. Als Oli dann den Torsten auf-forderte in den Kreis zu gehen, schimpfte der: ›Sei ruhig, du Lutscher, wenn du keinen vernünftigen Pass spielen kannst, dann geh zum Kalli Kamp und lass dich aufwärmen.‹ Und so ist es mehreren älteren Spielern mit Torsten ergangen. Bis ich ihm eines Tages sagte: ›Torsten, weißt du was. Der

Lutscher bist eigentlich du!‹ Da war der Spieß umgedreht. Und der Name geboren.«

Obwohl Herzog schon zu aktiven Zeiten eine wahre Werder-Legende war, endete seine Zeit in Bremen unschön. Als Thomas Schaaf Trainer wurde, fand sich der Spielmacher immer öfter auf der Ersatzbank wieder. Herzogs beste Zeiten lagen hinter ihm, das wusste wahrscheinlich sogar er. Trotzdem fühlte er sich verletzt. Im November 2001 explodierte das »Herzerl«. »Ich bin nicht der brave Trottel, der sich das bis zuletzt anschaut«, sagte er. Und mehr noch: »Ich bin mir zu schade, dass ich den Pausenkasperl spiele. Ich lasse mich nicht verarschen: Es hat keinen Sinn mehr.« Schaaf hatte den damals 33-Jährigen beim Spiel in Rostock in den letzten Minuten zum Warmlaufen geschickt, ihn aber schließlich doch nicht mehr eingewechselt. Im Januar 2002 ging Herzog ablösefrei zu Rapid Wien zurück.

Sein Trainer dort: Lothar Matthäus.

Herzog durfte bei seinem 100. Länderspiel für Österreich mit der Rückennummer 100 auflaufen. Normalerweise erlaubt die Fifa nur ein- oder zweistellige Nummern.

Ailton kam 1998 aus Mexiko nach Bremen. Der SV Werder war bereits die siebte Profistation seit 1993 für den damals 25-Jährigen. Nach seinen sechs Jahren an der Weser sammelte der Stürmer bis 2013 noch Erfahrung in 14 anderen Klubs. Nur in Bremen und ganz am Ende seiner Karriere bei Hassia Bingen blieb er länger als ein Jahr. In Bingen hielt er es immerhin 16 Monate aus.

Als Ailton 2007 beim damaligen Aufsteiger MSV Duisburg anheuerte, gelang ihm in acht Spielen für die »Zebras« ein einziger Treffer – gegen Bremen. Als er in der 65. Minute ausgewechselt wurde, entschuldigte er sich bei den Bremer Fans für
seinen Treffer. Dafür erhielt er frenetischen Jubel von beiden
Fangruppen.

Im Dezember 2005 wollte Ailton Hals über Kopf aus der
Türkei fliehen. Nach einem Kreislaufkollaps hatte ihn sein
Trainer bei Beşiktaş Istanbul nicht für die Startelf nominiert.
Ailton fuhr zum Flughafen und wollte nach Brasilien, wurde
aber noch rechtzeitig vom Manager gestellt.

Ailton war 2004 der erste Ausländer, der zu Deutschlands Fußballer des Jahres gewählt wurde.

Er hat zwar eine ausgeprägte Lese- und Schreibschwäche, An-
alphabet ist Ailton jedoch, anders als oft behauptet, nicht.

Als Ailton nach Deutschland kam, drückten ihm die Bremer
zwei Bücher in die Hand, damit er Deutsch lernen konnte. Da er sich aber schämte, seine Leseschwäche zuzugeben,
wurde daraus erst einmal nichts. Als er schließlich mündli-
chen Unterricht bekam, lernte er sehr schnell recht passabel
Deutsch.

In der spanischen Sportzeitschrift *Club Perarnau* erschien
2015 ein seitenlanger Artikel über die Bewegung »Schaafis-
mo«. Dabei handelt es sich um eine Bewegung von Fußball-
fans und -experten, die sich Thomas Schaaf verschrieben ha-

ben. Schaafs stürmische Art, Fußball spielen zu lassen, wird von den »Schaafistas« als eine Art Lebenseinstellung verstanden. Ein spektakuläres Spiel mit vielen Toren wird demnach auch »un partido schaafista« genannt. So erklärte es der Fußball-Journalist und Autor Ronald Reng.

Claudio Pizarro wechselte insgesamt dreimal zum SV Werder: 1999 von Allianza Lima, 2008 vom FC Chelsea und 2015 vom FC Bayern München. Zweimal verließ er Werder für den FC Bayern: 2001 und 2012. Dennoch lieben ihn die Fans in Bremen und München gleichermaßen.

Pizarro ist der am häufigsten eingesetzte ausländische Spieler und der erfolgreichste Torschütze der Bundesliga. Und außerdem Werders Rekordtorschütze. Er ist auch der älteste Dreifachtorschütze der Bundesliga: Am 2. März 2016 gelang ihm im Alter von 37 Jahren und 151 Tagen ein Hattrick.

Claudio Pizarro, sein früherer Bremer Mitspieler Tim Borowski und Bayern Münchens Thomas Müller besitzen gemeinsam das Galopprennpferd »El Tren«.

Borussia Mönchengladbach

Günter Netzer betrieb in Mönchengladbach jahrelang die Diskothek »Lovers Lane«.

Netzers Tochter Alana arbeitete während ihrer Studienzeit in München in verschiedenen Läden hinter der Bar.

Weil Gladbach in den 1970er-Jahren seiner legendären »Fohlenelf« nicht so hohe Gehälter zahlen konnte wie der große Rivale aus München, ließ sich Günter Netzer das Recht zur Erstellung und zum Verkauf des Stadionmagazins zusichern. Natürlich machte das Blatt Gewinn.

1971 stieg Netzer auch als Teilhaber in eine Modefirma ein. Das Label mit dem Namen »Peter Slacks« war von »Löwen«-Torhüter Petar Radenković gegründet worden und brachte vornehmlich gestreifte und wild gepunktete Herrenhosen auf den Markt.

Netzer trug Fußballschuhe in Größe 46 2/3. Heute habe er Größe 44. »Die Füße sind geschrumpft, wie alles an mir geschrumpft ist«, sagte Netzer 2013 während einer Gala in Hamburg.

Sein Verhältnis zum Ball hat Günter Netzer mal so beschrieben: »Da war ein sinnliches Verhältnis zu meinem Objekt, das bei jedem Fußtritt anders reagierte, das stets anders behandelt werden wollte.«

Den Begriff »Fohlenelf« erfand einst Wilhelm August Hurtmanns, ein Sportredakteur bei der *Rheinischen Post*, der die Borussia ab Mitte der 1960er-Jahre begleitete. Grund waren die vielen jungen Spieler – das Durchschnittsalter der Mannschaft um Berti Vogts, Günter Netzer, Jupp Heynckes, Herbert Laumen und Trainer Hennes Weisweiler beim Aufstieg 1965 betrug gerade mal 21,5 Jahre. Außerdem erinnerte ihn das furiose Konterspiel der Jungs an »junge Fohlen«. Nach dem Aufstieg etablierte sich der Begriff bundesweit.

Auch den Namen des alten Stadions am Bökelberg hat der Klub dem Journalisten zu verdanken.

Im Stadion im Borussia-Park stehen den maximal 54.067 Zuschauern 752 Toiletten zur Verfügung.

Am 31. Oktober 1969 stand Gladbach, 1965 erst aufgestiegen, zum ersten Mal auf Platz eins der Bundesliga. Am Ende der Saison war die »Fohlenelf« erstmals Meister.

Am 20. Oktober 1971 gewann Gladbach das Hinspiel im Achtelfinale des Europapokals der Landesmeister gegen Inter Mailand mit 7:1. Weil Inters Roberto Boninsegna in der 28. Minute von einer von der Tribüne aufs Spielfeld geworfenen Limonadendose getroffen worden war, wurde das Spiel schließlich von der UEFA annulliert. Dem 2:4 im Rückspiel folgte ein 0:0 im Wiederholungsspiel. Gladbach schied aus.

Jahre später erinnerte sich Gladbachs damaliger Spieler Luggi Müller in der *Rheinischen Post*: »Ich habe gesehen, wie die

Dose Boninsegna an der Schulter traf. Zunächst schaute er nur ganz verdutzt. Dann kam Inter-Kapitän Sandro Mazzola auf ihn zugestürmt und rief, er solle sich fallen lassen. Und schon sank er wie vom Blitz getroffen zu Boden. Dabei war die Dose so gut wie leer. Das habe ich gemerkt, als ich sie Richtung Bande gekickt habe. Boninsegna wollte aufstehen, doch ein Inter-Masseur drückte ihn immer wieder zu Boden. Dann ließ er sich auf einer Trage abtransportieren. Wir haben aber gesehen, dass er dabei noch seinen Mitspielern zugewinkt hat. Es war eine große schauspielerische Leistung.«

Zwölf Minuten lang versuchten Spieler und Ordner am 3. April 1971, das Tor nach dem legendären »Pfostenbruch vom Bökelberg« wieder aufzurichten. Dann brach der Schiedsrichter die Partie zwischen Mönchengladbach und Werder Bremen am 27. Spieltag beim Stand von 2:1 für Mönchengladbach in der 88. Minute ab. Das DFB-Sportgericht wertete das Spiel anschließend mit 2:0 für die Gäste und verdonnerte Gladbach zu einer Geldstrafe von 1500 Mark.

Der Holzpfosten brach, als sich Stürmer Herbert Laumen bemühte, eine Flanke von Günter Netzer zu erreichen, dabei ins Tor fiel und anschließend versuchte, sich am Netz wieder hochzuziehen.

Nach dem Pfostenbruch wurden Holztore verboten, alle Klubs stiegen auf Aluminium um. Der gebrochene Pfosten ist heute im Museum des Klubs ausgestellt.

Mönchengladbach wurde trotz der Niederlage am Grünen Tisch gegen Werder Bremen am Saisonende noch Meister vor Bayern München.

Rainer Bonhof ist der einzige deutsche Spieler, der zweimal Europameister wurde: 1972 und 1980. Bei seinem zweiten EM-Titel war er Spieler des FC Valencia, nach dem Triumph wechselte er zum 1. FC Köln.

In der Saison 1998/99 stieg Gladbach unter Trainer Bonhof zum ersten Mal aus der Bundesliga ab. Anschließend arbeitete er als Trainer der U 21 Schottlands (2002 bis 2005) und war von 2006 bis 2008 Scout des FC Chelsea für den deutschsprachigen Raum. Seit 2009 ist Bonhof zweiter Vizepräsident Mönchengladbachs.

Torwart Wolfgang Kleff wurde wegen seiner Ähnlichkeit mit dem bekannten Komiker nicht nur »Otto« genannt, er war mit diesem auch befreundet. 1985 spielte Kleff in »Otto – der Film« den Friseur Herr Astrid. 1990 hatte er auch in »Werner – Beinhart« eine kleine Rolle.

Der beste von vielen genialen Sprüchen Wolfgang Kleffs ging auf Kosten seines ewigen Rivalen Sepp Maier, der ihm in der Nationalmannschaft meist vorgezogen wurde: »Sepp Maier hat seinen Dackel verkauft. Immer, wenn er den gefragt hat, wer der beste Torwart sei, hat der nur ›Kleff, Kleff‹ geantwortet.«

Jupp Heynckes bekam als junger Trainer von Wolfram Wuttke den Spitznamen »Osram« verpasst, weil des Trainers Kopf gern mal rot anlief.

Als Gladbachs Bosse – und sogar seine Mitspieler – den genialen, aber nicht ganz pflegeleichten Wuttke baten, sich einen neuen Verein zu suchen, stimmte der 1982 unter der Bedingung zu, zusätzlich zur Abfindung des Vereins von den Mitspielern noch eine Rolex geschenkt zu bekommen. Dass die Uhr gefälscht war, merkte der 2015 verstorbene Stürmer erst, als er längst bei Schalke unterschrieben hatte.

1983 holte Günter Netzer als Manager des HSV Wolfram Wuttke trotz seines schwierigen Charakters nach Hamburg. Dort brachte er den großen Grantler und Trainer Ernst Happel so gegen sich auf, dass der schließlich verzweifelt anmerkte: »Dem Wuttke haben sie ins Hirn geschissen.« Happel schickte Wuttke daraufhin in die zweite Mannschaft. Der wechselte nach Kaiserslautern, wo er erst sehr erfolgreich war und schließlich erneut mit seinen Trainern aneinandergeriet. Als er einmal bestraft werden sollte, weil er sich abends unerlaubt und zu lange auf einem Weinfest getummelt haben soll, antwortete Wuttke, wie immer schlagfertig, er könne gar nicht auf dem Weinfest gewesen sein, er sei Biertrinker. Nach seiner Karriere, die ihn noch nach Spanien zu Espanyol Barcelona und nach Saarbrücken führte und die er 1988 mit dem Gewinn der Bronzemedaille bei den Olympischen Spiele in Seoul krönte, erkrankte Wuttke 2000 an der bei Männern sehr seltenen Krankheit Brustkrebs.

Italiens Nationalkeeper und Weltmeistertorwart Gianluigi Buffon war als Kind Gladbach-Fan. Grund: Er fand den für toskanische Zungen schier unaussprechlichen Namen Borussia Mönchengladbach so lustig.

Martin Dahlin, von 1991 bis 1997 stürmender Publikumsliebling am Bökelberg, wurde von Fans und Mitspielern »O. J.« genannt. Der Schwede ähnelte ein wenig dem amerikanischen Footballer O. J. Simpson, der Mitte der 1990er-Jahre wegen Mordes angeklagt war.

Jupp Heynckes gewann seine allerletzte Bundesligapartie als Spieler 1978 mit 12:0 gegen Dortmund. Der Stürmer erzielte dabei fünf Tore.

Die »Tatort«-Folge, in der Berti Vogts 1999 in einer kleinen Statistenrolle seinen legendären Satz »Gib dem Kaninchen eine Möhre extra, es hat uns allen das Leben gerettet« aufsagen durfte, trug den Titel »Habgier« und war die 403. Folge von Deutschlands liebster Krimireihe.

In der besagten Szene warnte Vogts, mit dem Kaninchen auf dem Arm, vor einem offenen Gashahn in einer Wohnung.

Berti Vogts hatte im Alter von 13 Jahren schon beide Eltern verloren und wuchs bei einer Tante auf. Seine Mutter starb an Leukämie, sein Vater wegen Herzproblemen.

Zur Vaterfigur wurde sein Gladbacher Trainer Hennes Weisweiler, der den 18-jährigen Vogts 1965 vom VfR Büttgen nach Mönchengladbach lotste.

»Berti hat nicht mal besonders viel Talent, aber er ist mutig, ehrgeizig, fleißig, diszipliniert und gewissenhaft«, sagte Weisweiler einmal über seinen Schützling.

Vogts absolvierte alle seine 419 Bundesligaspiele für Mönchengladbach. Der Außenverteidiger, Spitzname »Terrier«, erzielte dabei 33 Tore.

Vogts verpasste vom ersten Spieltag der Saison 1965/66 bis zum achten Spieltag der Saison 1971/72 kein einziges Bundesligaspiel. Nach 212 Begegnungen in Serie fehlte er Gladbach wegen einer Meniskusverletzung zum ersten Mal am 2. Oktober 1971 beim Gastspiel in Köln. Ohne ihn verlor seine Mannschaft prompt 3:4.

Trotz der schweren Verletzung am Meniskus machte Vogts in jener Saison noch elf Spiele für Gladbach. Bei der EM 1972 gehörte er zwar zum Kader, kam aber wegen seiner Verletzung nicht zum Einsatz. Anschließend ließ er sich endlich operieren.

Stefan Raabs Blödelhymne »Börti Vogts« erreichte 1994 Platz vier der deutschen Musik-Charts.

Markus Münch erwarb während seiner Zeit in Mönchengladbach 2001 ein Rennpferd. Wenig später begann er, Englische Vollblüter zu züchten. Seit 2010 ist er Trainer von Rennpferden.

Max Eberl machte insgesamt 215 Spiele in der 1. und 2. Bundesliga, davon 137 für Mönchengladbach. Ein Tor gelang dem Rechtsverteidiger nicht.

Am letzten Spieltag der Saison 2000/01 überließen die Mitspieler Eberl bei der Partie in Chemnitz großzügig einen Elfmeter.

Er verschoss. Gladbach gewann dennoch 2:0. Als Aufsteiger hatte der Klub zuvor schon festgestanden.

Eberls direkt nach seinem Karriereende 2005 erschienene Biografie heißt »Ein Indianer am Niederrhein«. Der Titel geht auf einen Spruch von Eberls ehemaligem Trainer Hans Meyer zurück, der zu sagen pflegte, eine Mannschaft müsse aus Häuptlingen und Indianern bestehen. »Ich war bei ihm immer der Vorzeige-Indianer«, erinnerte sich Eberl.

Mit seiner ersten Amtshandlung als Sportdirektor holte Eberl am 19. Oktober 2008 Hans Meyer als Trainer zurück. Eberl folgte auf Christian Ziege.

2011 ätzte Berti Vogts über Sportdirektor Eberl: »Er weiß ja gar nicht, wie er in die Position gekommen ist. Er ist wahrscheinlich zufällig mit dem Rad vorbeigefahren und Rolf Königs (der damalige Präsident) hat ihn gesehen und gesagt: ›Max, willst du nicht Sportdirektor werden?‹ Er ist kein Borusse! Er ist mal von Torpfosten zu Torpfosten gelaufen, mehr nicht.« Gladbach stand zu dem Zeitpunkt auf Platz 18 der Tabelle und Eberl hatte gerade Lucien Favre aus der Arbeitslosigkeit geholt und zum Trainer gemacht. Über die Relegation rettete sich Gladbach schließlich – und erreichte in der folgenden Saison die Qualifikation zur Champions League.

Später hat Vogts während einer Geburtstagsfeier von Rainer Bonhof bei Eberl für den Spruch um Entschuldigung gebeten.

Max Eberls Sohn heißt: Max Eberl. Der Vorname wird in der Familie bereits in der fünften Generation vom Vater auf den Sohn übertragen.

Marcelo Pletsch bezeichnete Gladbach 2005 als »beschissenen Verein« und Sportdirektor Christian Hochstätter sogar als »linke Bazille«. Dass der mittelprächtig talentierte und zuvor schon nicht oft eingesetzte Deutsch-Brasilianer danach kein Spiel mehr für Gladbach machte, überraschte ihn dennoch. Er klagte gegen die Suspendierung, verlor vor dem Arbeitsgericht und wechselte schließlich nach Kaiserslautern – wo er auch nicht viel häufiger spielte als in Gladbach. Mittlerweile betreibt Pletsch in Brasilien eine Schweinefarm.

Christoph Kramer besiegelte die Gladbacher Niederlage in Dortmund in der Hinrunde 2014/15 mit einem Eigentor-Kunstschuss aus 44,5 Metern. Gefragt, ob er im Fall der Fälle auch die Trophäe für das Tor des Monats für das wirklich sehr schöne Eigentor annehmen würde, sagte der Weltmeister schlicht: »Ja.« Die ARD verzichtete auf eine Nominierung.

Stefan Reisinger verpasste seinem damaligen Mitspieler in Burghausen und späteren Gladbacher Thomas Broich den Spitznamen »Mozart«, weil in Broichs Auto einmal klassische Musik lief, als er Reisinger mitnahm.

Sowohl Reisinger als auch Broich sind Anhänger des TSV 1860 München. Während Reisinger in der Saison 2005/06 eine Spielzeit für die »Löwen« spielte, lief Broich nie für seinen Lieblingsklub auf. In der Winterpause 2003/04 entschied sich der abstiegsgefährdete Klub lieber für Gerhard Poschner, statt für Broich. Der wechselte daraufhin nach Gladbach. Über Köln und Nürnberg verschlug es ihn 2010 dann nach Australien zu Brisbane Roar, wo der Mittelfeldregisseur zum absoluten Publikumsliebling avancierte und 2011, 2012 und 2014 Meister wurde. 2012 und 2014 wurde er zum besten Spieler der australischen Liga gewählt.

Grimmepreisträger und Filmemacher Aljoscha Pause begleitete Broich von 2003 bis 2011 mit seiner Kamera. Aus der Langzeitdokumentation entstand der Kinofilm »Tom meets Zizou – kein Sommermärchen«, der auf verschiedenen Festivals lief und von der »Deutschen Film- und Medienbewertung« mit dem »Prädikat: wertvoll« ausgezeichnet wurde.

Der Titel des Films ist eine Anspielung an die E-Mail-Adresse, die Broich jahrelang nutzte: tommeetszizou@aol.com. Zinedine Zidane, genannt »Zizou«, war Broichs Lieblingsspieler und großes Vorbild.

Uwe Kamps spielte von März 1983 bis Mai 2004 bei Gladbach. Der Torwart ist damit der Spieler, der am längsten bei einem Bundesligaverein blieb.

Bernd Krauss wurde am 8. Mai 1957 in Dortmund geboren, war laut Eigenaussage ein »typischer Junge aus'm Ruhrgebiet «, dessen »Oppa 40 Jahre lang auf dem Hochofen« stand, und gab sein Bundesliga-Debüt in der Saison 1976/77 für den BVB. Dennoch wechselte er im Winter 1976 zu Rapid Wien nach Österreich und nahm 1981 auch die österreichische Staatsbürgerschaft an. Er habe sich dadurch die Berufung in die österreichische Nationalmannschaft erhofft, für die sich damals noch niemand interessiert habe, sagte er einmal dem Magazin *11Freunde*. Mit Erfolg: Zwischen 1981 und 1984 absolvierte der Verteidiger 22 Länderspiele für die Alpenrepublik.

Sein erstes Länderspiel für Österreich machte Krauss gleich gegen Deutschland. »Beim Abspielen der Nationalhymnen habe ich versucht wegzuhören«, sagte er mal. Im Spiel unterlief dem »Piefke« ein Eigentor. Trotzdem durfte Krauss mit zur WM nach Spanien 1982 – wo er Teil der Mannschaft war, die bis heute mit dem Makel der »Schande von Gijon« leben muss, jenem verabredeten 1:0 für Deutschland, das beiden Mannschaften zum Weiterkommen reichte. 1984 wurde Krauss wieder Deutscher. Nach seinem Wechsel nach Mönchengladbach sollte er keinen der zwei erlaubten Ausländerplätze belegen. Bis 1990 absolvierte er noch 167 Spiele für Gladbach (acht Tore).

»Was soll ich denn mit dem?«, fragte Trainer Hennes Weisweiler die Gladbach-Bosse, als sich ein junger Stürmer aus dem Bayerischen Wald 1968 zum Probetraining vorstellte. Weisweiler schickte ihn wieder heim nach Zwiesel. Wenig später holte ihn der TSV 1860 München. Von dort wechselte Klaus Fischer 1970 zum FC Schalke 04 – und machte 182 Tore in 295 Spielen für die Königsblauen.

Gladbach gilt einer Studie des Forschungsinstituts »Service Value« von 2014 zufolge als familienfreundlichster Klub« der Bundesliga.

Als Jupp Heynckes 1945 geboren wurde, hieß sein Heimat-ort noch München-Gladbach. Als ob damals schon klar war, dass der Gesinnungsgladbacher später zum Berufsmünch-ner werden würde.

Heynckes und seine Frau haben ihr Haus in Schwalmtal »Casa de los Gatos« genannt. Wegen der zwei Katzen, die mit ihnen dort leben. Der beste Freund des Trainers ist aber sein Hund Cando.

Nach dem gewonnenen Triple mit den Bayern lud Heynckes seine Mannschaft in sein Haus ein. Dort verabschiedete sich der Coach auch von der Bundesligabühne. Mit damals 68 ging er in den wohlverdienten Ruhestand. Bei Bayern stand sein Nachfolger Pep Guardiola schon bereit.

Bundeskanzler Helmut Kohl überredete Berti Vogts nach dem Viertelfinalaus bei der WM 1994 in den USA, als Bun-destrainer weiterzumachen. Kohl rief dafür zweimal persön-lich bei Vogts an. Zwei Jahre später wurde Deutschland Eu-ropameister – mit Vogts an der Seitenlinie.

Hamburger SV

Der HSV verzichtete 1922 auf seinen ersten Meistertitel. Nach zwei Finalspielen gegen den 1. FC Nürnberg waren die Hamburger nach langem Hin und Her am Grünen Tisch zu Meistern gekürt worden, gaben den Titel aber zurück. Das erste Finalspiel war beim Stand von 2:2 in der 189. Spielminute wegen einsetzender Dunkelheit beendet, das Wiederholungsspiel beim Stand von 1:1 abgebrochen worden, weil Nürnberg wegen zahlreicher Platzverweise und Verletzter nur noch sechs Feldspieler auf dem Platz hatte. Schiedsrichter Peco Bauwens hatte den HSV daraufhin zum Meister gekürt, wogegen der Club wegen eines Formfehlers des Schiedsrichters erfolgreich Protest einlegte. Im November wurde der HSV schließlich während des DFB-Bundestags zum Meister erklärt, wenige Stunden später aber teilte Vorstandsmitglied Henry Barrelet mit, keinen Anspruch auf die Meisterschaft zu erheben.

Obwohl im Jahr 1922 offiziell kein Meister gekürt wurde, sind auf der Meisterschale heute sowohl der HSV als auch der 1. FC Nürnberg als Titelträger jenes Jahres eingraviert.

Uwe Seeler wurde 1946 als Siebenjähriger Mitglied des HSV. 1953 lief er zum ersten Mal für die erste Mannschaft auf, mit 17 Jahren war er schon Nationalspieler.

1961 übernahm Seeler die *Adidas*-Vertretung für Norddeutschland. Diese Aufgabe forderte ihn an zwei Arbeitstagen in der

Woche. Mitte der 1960er-Jahre kaufte Seeler, ein gelernter Speditionskaufmann, eine Tankstelle.

Inter Mailand bot Seeler 1961 die damalige Rekordsumme von 1,2 Millionen Mark Gehalt pro Jahr. Nach einigen Tagen Bedenkzeit – und vielen Bittbriefen von HSV-Fans, sogar ein Theologieprofessor schrieb ihm – sagte Seeler den Italienern ab.

Seeler hat in seiner Karriere nur zwei Titel mit dem HSV gewonnen: 1959/60 wurde er Deutscher Meister, 1963 Pokalsieger. Er erzielte im Finale 1963 alle drei Tore gegen Dortmund.

Im Februar 1965 hätte ein Achillessehnenriss beinahe Seelers Karriere beendet. Doch entgegen aller Erwartungen kam der Stürmer zurück, sechs Monate später feierte er sein Comeback – in einem von seinem Freund Adi Dassler entwickelten Spezialschuh. Der Kickerstiefel hatte die Schnürung hinten.

1976 eröffnete Seeler ein Bekleidungsgeschäft in Hamburg mit dem Namen »Seeler Moden«.

Vor Uwe hatten auch schon Vater Erwin und Bruder Dieter beim HSV brilliert.

Die Fans des FC St. Pauli nennen Seeler ironisch »Euch Uwe«.

Uwe Seelers Autobiografie trägt den Titel »Danke, Fußball«.

Ein irischer Erstligist ist der einzige Verein, für den Seeler außer dem HSV noch spielte. Auf Wunsch von *Adidas* absolvierte er 1978, sechs Jahre nach seinem Rücktritt als Profi, ein Spiel für Cork Celtic. Beim 2:6 gegen Shamrock Rovers erzielte der 41-jährige Seeler beide Tore für Cork.

Damit konnte Seeler aber auch nicht verhindern, dass Cork Celtic 1979 wegen erheblicher finanzieller Probleme aufgelöst wurde.

Die Bronzeskulptur von Uwe Seelers rechtem Fuß, die vor dem Stadion des HSV steht, hat Schuhgröße 774.

Der echte Uwe hat Schuhgröße 42. Zu aktiven Zeiten sogar nur 41,5. »Die Füße sind platter geworden«, sagte er im Jahr 2013 bei einer Abendveranstaltung in Hamburg.

Rudi Noack musste in den 1930er- und 1940er-Jahren per präsidialem Dekret mit langärmligen Trikots spielen. Grund: Den Unterarm des Hamburgers zierte eine auffällige Tätowierung – eine ansehnliche Frau wand sich um den Arm.

Manfred Kaltz hält nicht nur den Eigentorrekord (sechs), er hat auch die meisten Elfmeter (53) in der Bundesliga verwandelt.

Rudi Kargus (von 1971 bis 1980 Torwart beim HSV) hält den Rekord für die meisten gehaltenen Elfmeter. 24 von 76 Strafstößen konnte er parieren.

Kargus nahm vor jedem Spiel fünf Handschuhpaare mit auf den Rasen. Erst im Tor entschied er sich dann für ein Paar. Vor dem Überziehen spuckte er dann noch hinein.

Nach seinem Karriereende nahm Kargus an der Kunstschule Blankenese an Kursen der expressiven Malerei teil. Der DFB engagierte ihn vor der WM 2006, um Bilder der Nationalspieler zu malen.

Campari war das erste Unternehmen, das ab der Saison 1974/75 offiziell als Trikotsponsor eines Bundesligisten auftreten durfte. Zwar warb *Jägermeister* bereits seit 1973 auf den Trikots von Eintracht Braunschweig, doch das war nur durch einen Trick möglich gewesen. Braunschweig hatte den berühmten *Jägermeister*-Hirschen kurzerhand zum Klubwappen gemacht.

In der Saison 1976/77 trat der HSV in rosa Trikots an. Eine Idee des damaligen General Managers Peter Krohn. Der promovierte Wirtschaftswissenschaftler wollte dadurch mehr Frauen in die Stadien locken. Die Spieler um Superstar Kevin Keegan trugen es mit Fassung, Krohns Konzept ging auf. »Wir hatten zehn Prozent Frauen im Stadion. Das war Rekord«, sagte Krohn 2012 der *Mopo*.

In Rosa gewann der HSV 1977 den Europapokal der Pokalsieger. Die Auswärtstrikots waren in jener Saison in Himmelblau gehalten.

Krohn hatte schon zuvor für Aufsehen gesorgt. 1975 führte er, damals noch ehrenamtlicher Präsident des Klubs, Showtrainings ein. Gegen Eintrittsgeld bekamen die Fans da etwa eine bayerische Blaskapelle am Rothenbaum zu sehen. Für ein Testspiel wurde ein anderes Mal Sänger und Schauspieler Mike Krüger als Linienrichter verpflichtet, zeitweise konnten Fans sogar gegen einen freiwilligen Zuschlag auf die Eintrittskarten darüber abstimmen, auf welcher Position sich der HSV noch verstärken sollte.

Auch die Einführung des DFB-Supercups 1987 ging auf eine von Krohns Ideen zurück. Der HSV hatte bereits seit 1977 kurz vor Saisonstart ein eigenes erst Hafenpokal, dann Supercup genanntes Spiel gegen eine Spitzenmannschaft organisiert.

Peter Krohns Vater Hans gehörte der Meistermannschaft des HSV von 1923 an.

Franz Beckenbauers Gehalt von einer Million Mark wurde ab 1980 komplett von Hauptsponsor *BP* bezahlt.

In der Saison 1994/95 verbot Hauptsponsor *TV Spielfilm* dem HSV beim Spiel gegen den 1. FC Kaiserslautern, seinen Schriftzug auf den Trikots zu verwenden. Beim HSV ging damals mal wieder alles drunter und drüber, der Verlag der Fernsehzeitschrift hatte Angst um sein Image. Die Hamburger traten also mit einem schlichten HSV-Schriftzug an. Zur neuen Saison wurde *Hyundai* neuer Hauptsponsor.

Die *Holsten*-Brauerei war 75 Jahre Partner des Klubs. Das ist die längste Partnerschaft zwischen einem Unternehmen und einem Klub in der Bundesliga-Geschichte. Ab der Saison 2015/16 arbeitet der HSV mit der *König*-Brauerei zusammen.

1980 stellte sich der Barmbeker Junge Andreas Brehme beim HSV vor, bat um ein Probetraining und einen Profivertrag. Der Klub bot dem damals 20-Jährigen aber nur einen Amateurvertrag an, Brehme ging nach Saarbrücken in die 2. Liga und startete dort seine Weltkarriere.

Ernst Happel wurde in seiner österreichischen Heimat nur »Woidmeister« gerufen, obwohl der Trainer 1978 mit der niederländischen Nationalmannschaft im Finale an Gastgeber Argentinien gescheitert war. Nichtsdestotrotz war der große Grantler ein wahrer Meistertrainer. Mit dem HSV gewann er von 1981 bis 1987 zweimal die Meisterschaft, einmal den Pokal und 1982 auch den Landesmeister-Cup, den Vorgängerwettbewerb der Champions League.

Felix Magath heißt eigentlich Wolfgang Felix Magath. Sein Vater war ein US-Soldat puerto-ricanischer Herkunft, seine Mutter stammte aus Ostpreußen.

Ein Faustschlag gegen Bayerns Stürmer Jürgen Wegmann während des Supercups brachte Torwart Uli Stein 1987 eine zehnwöchige Sperre und den Rauswurf vom HSV ein. Stein wechselte zu Eintracht Frankfurt, der Faustschlag wurde in der Presse lange als »Steinschlag« bezeichnet.

Bereits 1986 war Stein während der WM aus der Nationalmannschaft geflogen. Er hatte, unzufrieden mit seiner Re-
servistenrolle, Teamchef Franz Beckenbauer als »Suppen-
kasper« bezeichnet. DFB-Boss Hermann Neuberger schickte
ihn daraufhin nach Hause.

Beckenbauer hatte Stein, mit dem er einst sogar noch beim
HSV zusammengespielt hatte, zuvor öffentlich wiederholt als
»weltbesten Torwart« bezeichnet. Spielen durfte aber trotzdem
Harald Schumacher.

Stein erfuhr auf dem Rückflug von Mexiko nach Hamburg vom
Viertelfinalsieg seiner nunmehr Ex-Kameraden über Mexiko.
Er bedauerte das Ausscheiden der »sympathischen Gastge-
ber«.

Vor der WM 1990 wollte Beckenbauer, der nicht nachtragend
und auch 1986 gegen den Rauswurf Steins gewesen war, den
Keeper reaktivieren. Ein Comeback des inzwischen etwas
ruhiger gewordenen Hitzkopfs scheiterte aber am Wider-
stand der DFB-Funktionäre.

Sergej Barbarez spielte in seiner Heimat in Mostar als Jungprofi sowohl Fußball als auch Basketball in der höchsten jugoslawischen Liga.

Als Barbarez 1991 einen Onkel in Hannover besuchte, began-
nen die Jugoslawienkriege. Der Onkel ließ den damals 20-jäh-
rigen Jungprofi nicht mehr gehen, Barbarez schloss sich Hannover an und wurde in seiner ersten Saison gleich Pokalsieger.

Später folgte Barbarez seinem Hannoveraner Amateurtrainer Frank Pagelsdorf erst zu Union Berlin und später zu Hansa Rostock. Auch beim HSV spielte er bis 2001 unter seinem Mentor Pagelsdorf.

Seit 2008 hat der HSV auf dem Hamburger Hauptfriedhof Altona einen eigenen Fanfriedhof. Dieser befindet sich an der Rückseite des Stadions. Die letzte Ruhestätte für den fanatischen HSV-Anhänger ist einem Stadion nachempfunden, der Eingang ist – natürlich – ein Fußballtor. 500 Gräber haben Platz.

Hermann Rieger, 2014 verstorbener langjähriger Masseur und sogar Namensgeber des Klub-Maskottchens, wurde 1941 im tiefsten Oberbayern, in Mittenwald, geboren. Erst 1978 verließ »Burschi« Bayern, um sich dem HSV anzuschließen. Vor seiner dortigen Tätigkeit war Rieger Skifahrer und Skilehrer. In den 1970er-Jahren war er Masseur der Nationalmannschaft, des TSV 1860 München und 1977/78 sogar beim FC Bayern angestellt. Danach lockte ihn Manfred Kaltz nach Hamburg – trotz des schlechtesten Angebots, das ihm jemals unterbreitet wurde, wie Rieger einmal der Münchner *Abendzeitung* verriet.

Trotzdem blieb der »Burschi« 26 Jahre in Hamburg, ehe er 2004 wegen einer Krebserkrankung seine Karriere beendete und zurück nach Mittenwald zog. Er ist der einzige Masseur der Bundesliga-Geschichte, der einen eigenen Fanklub hat.

1997 unterschrieb Stürmer Michael Fuß einen Vertrag beim HSV. Der damals 20-Jährige hatte in der Berlin-Liga für seinen Verein Türkiyemspor beinahe nach Belieben getroffen. Leider wurde wenige Tage nach seiner Unterschrift Trainer Felix Magath entlassen, und auch Fuß war nicht mehr gefragt in Hamburg. Der gelernte Lagerarbeiter zog zurück nach Berlin – und wurde zur Legende des Amateurfußballs der Hauptstadt. Mehr als 300 Tore in knapp 300 Spielen erzielte er für Türkiyemspor, Hertha Zehlendorf, TeBe Berlin, BFC Viktoria, den Berliner AK und Blau-Weiß Berlin. Nur zweimal wagte sich Fuß noch mal raus aus seiner Heimatstadt. 2002 spielte er erst für Göttingen in Niedersachsen, dann für den fränkischen Klub Feucht. In der Saison 2014/15 stieg der 38-jährige »ewige Knipser« mit Tennis Borussia Berlin in die Oberliga auf.

Im Winter 2002/03 legte der HSV nicht mehr allzu großen Wert auf die Dienste von Mittelfeldspieler Jörg Albertz, der nach seiner Rückkehr aus Glasgow 2001 nicht an die Leistungen aus seiner ersten Hamburger Periode (1993 bis 1996) hatte anknüpfen können. Der chinesische Erstligist Shanghai Shenhua zeigte sich interessiert, doch bevor Albertz zusagte, musste noch eine wichtige Sache besprochen werden: Es müsse geklärt sein, ob er mit seinen Hunden dort Gassi gehen könne, ohne dass diese im Kochtopf landen. War wohl möglich – 2003 wurde Albertz zum Fußballer des Jahres in China gewählt.

Was haben Jochen Kientz und Marco Materazzi gemeinsam? Beide waren Verteidiger, okay. Und sonst? Beide machten Bekanntschaft mit Zinedine Zidanes Kopf. Kientz sogar schon vor dem italienischen Weltmeister von 2006. In der Saison 2000/01 sollte Kientz in der Champions League den späteren Weltfußballer Zidane, damals noch bei Juventus Turin, bewachen. Schon nach 28 Minuten hatte Zidane genug von Kientz und verpasste ihm eine Kopfnuss. Zidane flog vom Platz, Juve gewann trotzdem mit 3:1. Ob Kientz den Franzosen wie Materazzi mit einem Spruch über seine Schwester provozierte, ist nicht überliefert.

Rafael van der Vaart lebte als Kind und Jugendlicher in einer Wohnwagensiedlung. Von seinem ersten Profigehalt kaufte er seiner Familie ein Backsteinhaus.

Seine Mutter Lolita stammt aus der andalusischen Stadt Cadíz, Vater Ramon ist Niederländer. Rafaels Bruder heißt Fernando.

Sowohl seine ehemalige Frau Sylvie (von 2005 bis 2014 verheiratet) als auch seine Lebensgefährtin Sabia sind fünf Jahre älter als van der Vaart.

Sabia war zuvor mit Khalid Boulahrouz verheiratet, van der Vaarts ehemaligem Teamkollegen beim HSV und in der niederländischen Nationalmannschaft. Bevor sie mit van der Vaart zusammenkam, galt Sabia als Sylvies beste Freundin.

Von Khalid Boulahrouz stammt dieser – im Nachhinein noch unfreiwillig komischere – Ausspruch über van der Vaart: »Was er macht, ist unglaublich. Ich genieße es von hinten.« Gemeint waren van der Vaarts Leistungen am Ball.

Vor dem Champions-League-Qualifikationsspiel des HSV gegen Osasuna zu Beginn der Saison 2006/07 soll Boulahrouz eine Verletzung vorgetäuscht haben, um seinen bevorstehenden Wechsel zum FC Chelsea nicht zu gefährden. Bouhlarouz hätte für Chelsea nicht mehr international spielen können, wenn er für den HSV das Qualifikationsspiel absolviert hätte. Der Wechsel klappte, Chelsea überwies 13 Millionen Euro, oft spielte der Verteidiger aber nicht in London.

Vor der Saison 2007/08 soll sich van der Vaart Boulahrouz zum Vorbild genommen haben. Vor dem UEFA-Cup-Qualifikationsspiel gegen Honved Budapest soll der Spielmacher eine Rückenverletzung vorgetäuscht haben, um international nicht gesperrt zu werden, sollte sein ersehnter Wechsel nach Valencia zustande kommen. Zuvor hatte sich van der Vaart bereits mit einem Trikot des spanischen Klubs ablichten lassen. Half alles nichts: Der HSV ließ ihn nicht ziehen.

In jener Saison gelang van der Vaart in sieben aufeinanderfolgenden Spielen je ein Tor. Dies hatte zuvor nur Uwe Seeler in der allerersten Bundesliga-Saison 1963/64 geschafft.

Ein Jahr später durfte van der Vaart gehen – für 15 Millionen Euro Ablöse wechselte er zu Real Madrid.

Vor der Saison 2009/10 wurde Rafael van der Vaart in Madrid wenig subtil aussortiert. Seine Rückennummer 23 wurde einfach neu vergeben, er selbst bekam gar keine zugeteilt. Der Niederländer blieb trotzdem – und nachdem sich Kaká verletzte, wurde er wieder Stammspieler.

Markus Gisdol ist der 21. Trainer des HSV seit 1997.

Gisdols Vorgänger Bruno Labbadia wurde 2010 vor dem Nord-
derby gegen Bremen beim HSV entlassen. 2015 wurde er vor
dem Derby wieder eingestellt. Am 25. September 2016 kostete
ihn ein 0:1 beim FC Bayern München das Amt.

Labbadia wuchs als jüngstes von neun Kindern auf einem
Bauernhof in der Nähe von Darmstadt auf. Seine Eltern sind
Italiener – weil Bruno in der Schule aber gehänselt wurde,
weigerte er sich, Italienisch zu lernen.

Labbadia hat seit seinem 18. Lebensjahr den deutschen Pass.

Er ist der einzige Spieler, der sowohl in der Bundesliga als auch
in der 2. Liga mehr als 100 Tore erzielte.

Labbadia kassierte bei seiner Entlassung im April 2010 1,2
Millionen Euro Abfindung. Nur sieben Monate zuvor hatte
der HSV 1,3 Millionen Euro Ablöse für den Trainer nach Leverkusen überwiesen. Im April 2015 wurde er wieder eingestellt, sechs Spieltage vor Ende der Saison sollte er retten,
was eigentlich nicht mehr zu retten war. Er schaffte es mit
dem HSV in die Relegation, bei der die Hamburger gegen
den Karlsruher SC knapp die Oberhand behielten und so wie
schon im Vorjahr im allerletzten Moment die Klasse hielten.

150.000 Euro Ablöse zahlte der HSV im Frühjahr 2015 an
Schalke, um Co-Trainer Peter Hermann auszulösen. Hermann
sollte Sportdirektor und Interimstrainer Peter Knäbel unterstüt-
zen. Drei Wochen später war Knäbel schon wieder nur Manager und auch Hermann wieder weg.

Für Thorsten Fink zahlte der HSV im Oktober 2011 eine Million Euro Ablöse an den FC Basel. Fink blieb immerhin bis September 2013 und kassierte noch eine Abfindung von 800.000 Euro.

Als der HSV in der Saison 2013/14 Bert van Marwijk als Nachfolger von Thorsten Fink verpflichtete, kassierten dessen Berater 350.000 Euro für die Vermittlung. Nach seiner nur rund fünf Monate währenden Amtszeit bekam der Niederländer 1,5 Millionen Euro Abfindung.

Mirko Slomka war vom 17. Februar bis 15. September 2014 Trainer des HSV. Gegen seine fristlose Kündigung klagte er vor dem Arbeitsgericht. Schließlich einigten sich beide Parteien auf eine Abfindungszahlung von rund 1,8 Millionen Euro.

Stürmer Pierre-Michel Lasogga ist der Stiefsohn des früheren Werder- und Schalke-Torwarts Oliver Reck. Als Jugendlicher war aber nicht Reck, sondern Mittelfeldspieler Jörg Böhme Lasoggas Idol. Lasoggas Mutter Kerstin ist Recks Lebensgefährtin – und Pierre-Michels Managerin. Auf seinen Unterarm hat sich der bullige Stürmer, Spitzname zu Berliner Zeiten »Lasagne«, das Konterfei seiner Mutter stechen lassen.

Im Januar 2014 lieh der HSV Lewis Holtby von Tottenham Hotspur aus. Bereits nach drei Einsätzen mussten die Hamburger den Spieler wegen einer Vertragsklausel nolens volens fest verpflichten.

Weil Stürmer Ivica Olic im April 2015 gegen seinen Ex-Klub Wolfsburg auf dem Platz stand, musste der HSV 150.000 Euro nach Wolfsburg überweisen. Diesen Zuschlag hatte sich Wolfsburg bei Olic' Wechsel im Januar 2015 nach Hamburg in den Vertrag schreiben lassen. Der HSV, der im Januar bereits zwei Millionen Euro für den 35-Jährigen bezahlt hatte, verlor das Spiel übrigens mit 0:2 und rutschte in der Tabelle auf Platz 18 ab.

Im Frühjahr 2015 hatte sich Thomas Tuchel eigentlich bereits für ein Engagement in Hamburg entschieden. Die Konditionen waren geklärt, ebenso die Kompetenzbereiche, ein unterschriftsreifer Vertrag lag vor. Beim letzten Treffen mit den Verantwortlichen am 13. April bat Tuchel die HSV-Bosse um etwas mehr Bedenkzeit. Die brachen die Verhandlungen daraufhin ab – und stellten am 15. April überraschend Bruno Labbadia als neuen Trainer vor.

Ende Juni 2015 lösten der Klub und Maximilian Beister den Vertrag des Stürmers im »gegenseitigen Einvernehmen« auf. Beister wurde der Abschied mit einer sechsstelligen Abfindung versüßt. »Es gibt für ihn keinen Markt«, erklärte Manager Peter Knäbel. Einen Tag später unterschrieb Beister einen Vertrag bei Mainz 05.

Felix Magath war 2004 »Brillenträger des Jahres«.

HSV-Investor Klaus-Michael Kühne war auf dem Gymnasium einst Klassenkamerad des Liedermachers Wolf Biermann.

Um das HSV-Stadion wieder Volksparkstadion zu nennen, kaufte Kühne 2015 die Namensrechte. Bis 2019 muss er vier

Millionen Euro pro Jahr dafür an den Stadionbetreiber – dem HSV – zahlen.

Das Volksparkstadion war das erste Bundesligastadion in Deutschland, das nach einem Sponsor benannt wurde – und wurde seitdem viermal umbenannt. Nach der Renovierung hieß es ab 2001 für sechs Jahre AOL Arena. Von 2007 bis 2010 hieß es HSH Nordbank Arena, von 2010 bis 2015 Imtech Arena. Seitdem wieder Volksparkstadion.

Nach 90 Spielminuten im Relegationsrückspiel gegen den Karlsruher SC im Mai 2015 war der HSV abgestiegen. In der Nachspielzeit wurde den Hamburgern ein umstrittener Freistoß zugestanden. Regisseur Rafael van der Vaart wollte eigentlich schießen, wurde aber von Marcelo Diaz mit den Worten »Tomorrow my friend« vertrieben. Diaz legte sich den Ball zurecht und traf zum 1:1. In der Verlängerung gewann der HSV das Spiel noch – der Dino blieb unabsteigbar.

Best of the Rest, Teil I

Helmut Rahn wurde am vierten Spieltag der ersten Bundesliga-Saison 1963/64 nach einer Tätlichkeit im Spiel seines Meidericher SV gegen Hertha BSC vom Platz gestellt. Der »Boss«, Weltmeisterheld von 1954, wurde für drei Spiele gesperrt.

Meiderichs Trainer Rudi Gutendorf hatte die Verpflichtung des mittlerweile 34-jährigen Rahn im Verein trotz großer Widerstände durchgesetzt. Der Trainer, nur drei Jahre älter als der Rechtsaußen, hatte argumentiert, dass Meiderich – heute bekannt als MSV Duisburg – dringend eine »Attraktion« bräuchte, um Bekanntheit in der neuen Liga zu erlangen. Für 60.000 Gulden kaufte Meiderich den alternden, übergewichtigen, trinkfreudigen und an chronischen Achillessehnenproblemen laborierenden Stürmer schließlich aus seinem Vertrag bei Twente Enschede heraus. Rahn gelangen in der ersten Bundesliga-Saison immerhin noch sieben Tore. In der darauffolgenden Spielzeit bestritt er wegen seiner Probleme an der Achillesferse dann nur noch eine Partie und beendete 1965 seine lange Karriere.

Rahn war 1963 einer der drei »Helden von Bern«, die noch in der neu gegründeten Bundesliga zum Einsatz kamen. Die anderen waren Hans Schäfer vom 1. FC Köln und Max Morlock vom 1. FC Nürnberg. Rahn und Morlock erzielten am ersten Spieltag auch gleich jeweils ein Tor.

Am 10. Januar 1970 fiel der komplette Spieltag dem Winter zum Opfer. Rasenheizungen gab es noch nicht, die Winterpause war noch nicht eingeführt.

Im Winter 1969/70 fielen so viele Spiele aus, dass das Pokalfinale erst nach der WM in Mexiko durchgeführt werden konnte. Am 29. August 1970 trafen sich im Niedersachsenstadion Hannover der 1. FC Köln und die Offenbacher Kickers. Die Hessen gewannen mit 2:1. Somit wurde zum ersten Mal ein Zweitligist Pokalsieger. Wobei die Kickers nur ein halber Zweitligist waren: Im Mai waren sie in die Bundesliga aufgestiegen.

Winfried Schäfer wurde in der Saison 1969/70 erst Meister mit Borussia Mönchengladbach und dann, wegen des in den August verlegten Finales, auch Pokalsieger mit seinem neuen Verein Offenbach.

Im Europapokal der Pokalsieger 1970/71 schieden die Kickers dann schon in der ersten Runde gegen den FC Brügge aus.

Die erste Rasenheizung wurde 1972 im Münchner Olympiastadion verlegt. Seit der Saison 2008/09 müssen die Stadien aller Erst- und Zweitligisten über den Rasenwärmer verfügen.

Im November 1972 versuchten die Verantwortlichen von Eintracht Braunschweig im Spiel gegen Eintracht Frankfurt, den dichten Nebel zu vertreiben, indem sie hinter den Toren Heuballen anzündeten. Die Spieler sahen dadurch aber noch weniger, die Begegnung wurde abgebrochen.

Die reguläre Winterpause in der Bundesliga wurde in der Saison 1986/87 eingeführt.

Die erste Winterpause war gleich die längste: Ganze 76 Tage mussten die Fans auf Fußball verzichten. Auch in der folgenden Saison dauerte die Pause über zwei Monate. Heute sind es in der Regel fünf bis sechs Wochen.

Peter Neururer musste als Trainer des VfL Bochum in der Saison 2003/04 wegen einer verlorenen Wette 500 Euro in die Mannschaftskasse zahlen. Neururer hatte darauf gesetzt, dass mindestens ein Spieler mit Übergewicht aus der Winterpause zurückkehren würde. Pustekuchen: Alle Spieler waren rank und schlank.

Nur sechs Personen wurden als Spieler und Trainer Deutscher Meister: Thomas Schaaf (Werder Bremen), Helmut Benthaus (als Spieler mit dem 1. FC Köln, als Trainer mit dem VfB Stuttgart), Jupp Heynckes (als Spieler mit Borussia Mönchengladbach, als Trainer beim FC Bayern), Franz Beckenbauer (FC Bayern und HSV als Spieler, FC Bayern als Trainer), Matthias Sammer (VfB Stuttgart und Dortmund als Spieler, Dortmund als Trainer), Felix Magath (als Spieler beim HSV, als Trainer mit dem FC Bayern und Wolfsburg).

Die Stuttgarter Kickers haben als einziger Klub keine negative Bilanz gegen den FC Bayern in der Bundesliga. Zwei Niederlagen stehen zwei Siege gegenüber.

Mitte der 1970er-Jahre fiel Michel Platini im Probetraining beim 1. FC Saarbrücken durch. Juventus Turin war der Mittelfeldspieler 1982, da schon auf dem Weg zum Weltstar, dann fast eine Million Mark Gehalt im Jahr wert.

1984 verpflichtete Saarbrücken immerhin den »Platini Afrikas«. So nannte sich der kongolesische Mittelfeldregisseur Jean-Santos Muntubila ganz unbescheiden selbst. Den Zweitnamen »Santos« hatte sich Muntubila auch selbst gegeben, in Anlehnung an den Heimatklub des großen Pelé.

Mit Muntubila stieg der 1. FCS 1984/85 wieder in die Bundesliga auf. Der Wechsel des Kongolesen war den Saarländern quasi aufgezwungen worden. Hauptsponsor *Peugeot*, damals größter Geldgeber des FC Sochaux in Frankreich und des 1. FCS, organisierte und bezahlte den Transfer.

Drei Vereine aus dem kleinsten Flächenbundesland Saarland spielten schon in der Bundesliga: Der 1. FC Saarbrücken in der Saison 1963/64, 1976 bis 1978, 1985/86 und 1992/93. Borussia Neunkirchen 1964 bis 1966 und 1967/68 und der FC Homburg von 1986 bis 1988 und 1989/90.

Schleswig-Holstein hat als einziges Bundesland noch nie einen Klub der höchsten deutschen Spielklasse gestellt. 1912 wurde mit Holstein Kiel allerdings ein Verein aus dem hohen Norden Meister. Damals wurde die Meisterschaft aber noch in K.-o.-Runden ausgespielt. Sachsen-Anhalt und Thüringen stellten zwar keine Bundesligaklubs, waren aber in der DDR-Oberliga vertreten.

Bernard Dietz ist Rekordverlierer der Bundesliga. 221 seiner 495 Spiele für Duisburg und Schalke in der 1. Liga verlor er. 1980 durfte er die Nationalmannschaft trotzdem als Kapitän zum EM-Titel führen.

Dietz wechselte 22-jährig von der Landesliga direkt in die Bundesliga. Nachdem er, damals noch Stürmer, beim 1. FC Köln im Probetraining durchgefallen war, holte ihn der MSV Duisburg vom SV Bockum-Hövel.

Dietz verlor während seiner Ausbildung zum Schmied bei einem schweren Unfall Mittel- und Ringfinger der rechten Hand.

Das Maskottchen des MSV Duisburg heißt »Ennatz«. Benannt wurde es nach Bernard Dietz, der den Spitznamen schon seit Kindheitstagen hatte. Ein kleines Mädchen aus der Nachbarschaft in Bockum-Hövel konnte Bernard nicht richtig aussprechen und nannte ihn Ennatz.

Mit 77 Treffern ist Dietz auch der torgefährlichste Verteidiger aller Zeiten in der Bundesliga.

Den ersten Hattrick der Bundesliga schaffte der Karlsruher Otto Geisert. Ihm gelangen 1963 beim Sieg gegen Nürnberg drei Tore in der 55., 56. und 90. Minute. Der KSC gewann 4:2.

Die 1989 gegründeten »Soccer Boyz« gelten als erste Ultragruppierung eines Bundesligisten. Heute firmieren die Leverkusener Ultras als »Mad Boyz«.

Die erste deutsche Ultragruppe feuerte allerdings einen damaligen Zweitligisten an. 1986 gründeten sich die bis heute aktiven und Fortuna Köln unterstützenden »Fortuna Eagles Supporters«.

Andreas Thom war der erste Spieler, der offiziell aus der DDR zu einem Bundesligaverein wechselte. Thom kostete Anfang 1990 2,8 Millionen Mark Ablöse und verdiente 12.000 Mark im Monat plus Prämien. Damit war er in Leverkusen auf Anhieb Spitzenverdiener.

Ulf Kirsten kostete Leverkusen 1990 bei seinem Wechsel aus Dresden umgerechnet 1,75 Millionen Euro Ablöse. Er ist damit der teuerste DDR-Spieler aller Zeiten. Die Ablöse floss – wie bei allen Kickern, die aus der DDR-Oberliga wechseln durften – an den Fußballverband des untergehenden Staates.

Helmut Kohl höchstpersönlich verhinderte durch eine Beschwerde bei der Konzernleitung der Bayer AG, dass nach Thom und Ulf Kirsten auch noch Matthias Sammer nach Leverkusen wechselte.

Nachdem Bernd Schuster 1993 endlich seinen Vertrag in Leverkusen unterschrieben hatte, ächzte Manager Reiner Calmund über Schusters damalige Gattin Gaby: »Ich hatte noch nie einen so harten Verhandlungspartner wie Frau Schuster.« Und dann, etwas versöhnlicher: »Wenn ich so eine Frau hätte, würde ich die auch zu meiner Managerin machen.«

1994 belegte Schuster bei der Wahl zum Tor des Jahres die Plätze eins, zwei und drei.

Bayer Leverkusen hat sich den Begriff »Vizekusen« patentieren lassen. Allerdings auch den Begriff »Meisterkusen«.

Reiner Calmunds Vater war bei der Fremdenlegion.

Nach dem 3:7 im UEFA-Cup-Spiel von Dynamo Dresden bei Bayer Uerdingen musste Dresdens Trainer Klaus Sammer seinen Hut nehmen. Nicht wegen der heftigen Niederlage, sondern weil sein Spieler Frank Lippmann nach dem Spiel einfach in der BRD blieb. Klaus Sammers Sohn Matthias wurde zudem wieder in die Jugendmannschaft zwangsversetzt.

Britta Steilmann war ab der Saison 1992/93 die erste Managerin eines Bundesligavereins. Ihr Vater Klaus Steilmann, langjähriger Mäzen und Präsident des Bochumer Stadtteilklubs und damaligen Bundesligisten Wattenscheid 09, machte sie, eine studierte Modedesignerin, ein Jahr nach dem Aufstieg kurzerhand zur Managerin.

Klaus Steilmann, ein Textilhändler, war ein entschiedener Gegner der Eingemeindung Wattenscheids nach Bochum – und fuhr aus Protest ein Auto mit Essener Kennzeichen.

Im März 1994 feuerte Steilmann Trainer Hannes Bongartz, der Wattenscheid 1988 übernommen, in die Bundesliga gebracht und den Klub bis dahin immer zum Klassenerhalt geführt hatte. Zwei Monate später stieg der Verein als Vorletzter ab – und nie wieder auf. Derzeit spielt Wattenscheid in der Regionalliga West und ist Kooperationspartner von Galatasaray Istanbul.

Bayern-Manager Uli Hoeneß sagte nach dem Aufstieg der Wattenscheider, dass dies »das Schlimmste« sei, was » der Bundesliga passieren konnte«. Der Stadtteilklub rächte sich, indem er den FC Bayern in der Saison 1992/93 mit 2:0 besiegte.

Die bei Christoph Daums Kokaintest gefundene Drogen-Konzentration war die höchste in der Kölner Rechtsmedizin zu diesem Zeitpunkt je gemessene.

Die Haarprobe gab Daum dennoch freiwillig ab, denn er hatte »ein absolut reines Gewissen.« Nachdem das Ergebnis bekannt wurde, floh der damalige Leverkusen-Trainer erst mal für ein paar Wochen nach Florida.

Hans Jörg Butt verwandelte für drei verschiedene Vereine (Hamburg, Leverkusen, Bayern) in der Champions League bei drei Versuchen drei Elfmeter. Alle gegen Juventus Turin.

Mit 26 Toren in 387 Spielen für Hamburg, Leverkusen und den FC Bayern ist Butt auch der torgefährlichste Torwart der Bundesliga-Geschichte. Seine Treffer erzielte der gebürtige Oldenburger und Oldtimersammler alle per Elfmeter. 2004 musste Butt aber nach einem verwandelten Elfmeter im Gegenzug gleich wieder hinter sich greifen: Schalke gelang ein Tor, weil Butt nach seinem Treffer nicht schnell genug zurück in seinen Kasten kam.

Ralf von Diericke, 1983/84 14-mal für Düsseldorf in der Bundesliga aktiv, wurde wegen seines »von« im Nachnamen »der Baron« genannt. Das war er zwar nicht, dennoch ließ er sich einmal in Frack und Zylinder ablichten. Richtig vornehm war sein Leben aber nicht gerade. 1985 gab er zu, eine Wuppertaler Spielothek überfallen zu haben und außerdem einem Komplizen geholfen zu haben, die Geschäftsstelle seines damaligen Klubs Wuppertaler SV auszurauben. Diericke wurde zu sechs Jahren Haft verurteilt. Fußball spielte er weiter – in der Gefängnismannschaft, wo er bei einem Freundschaftsspiel dem Manager des Oberligisten Remscheid auffiel. Als Freigänger durfte er in der Saison 1987/88 für Remscheid antreten. Und das war so gut, dass Zweitligist Solingen ihn in der folgenden Saison verpflichtete. Immer noch Häftling, fuhr der »Baron« immer aus dem Knast zu den Spielen. Wegen guter Führung wurde er 1989 entlassen, seine Profikarriere endete gleichzeitig.

Darmstadt 98 stieg in der Saison 2012/2013 sportlich aus der Dritten Liga ab, durfte aber wegen des Lizenzentzugs der Offenbacher Kickers die Klasse halten. 2013/2014 folgte der Aufstieg in die Zweite Liga, ein Jahr später sogar der Durchmarsch in die Bundesliga.

Die Stehplatztribünen des Darmstädter Stadions wurden auf Schutt aus dem Zweiten Weltkrieg errichtet. In der Saison 2016/2017 wurde das Stadion am Böllenfalltor in »Jonathan-Heimes-Stadion« umbenannt. Das Pharmaunternehmen »Merck«, das die Namensrechte besitzt, verzichtete für ein Jahr kostenlos darauf. Jonathan Heimes war war ein im

März 2016 an Krebs verstorbener Fan der Lilien. Heimes, einst Jugend-Hessenmeister im Tennis, hatte die Initiative »Du musst kämpfen« gegründet und unter anderem Armbändchen mit dem Spruch zu Gunsten der Kinderkrebshilfe verkauft.

Stürmer Max Kruse verlor zu seinen Wolfsburger Zeiten 75.000 Euro in einem Taxi.

2014 wurde Kruse Dritter bei der Poker-WM in Las Vegas. Er nimmt auch regelmäßig an den Events der World Series of Poker teil.

Kruse fuhr einst einen tarnfarbenen Maserati GT.

Bereits seit 2008 ist eine Straße im spanischen Örtchen Albuñán nach Mario Gomez benannt. Der Vater des Nationalstürmers stammt aus dem andalusischen Ort.

2007 erzielte Gomez in Diensten des VfB Stuttgart gegen den FC Bayern ein Tor mit seinem Genital. Der Ball sprang an seinen Unterleib und von dort ins Tor. Auf die Frage, ob das Tor mit der Hüfte, dem Oberschenkel oder Bauch erzielt wurde, sagte Gomez: »Es war irgendwas dazwischen. Das Mittelteil war´s. Irgendetwas zwischen den Beinen – und das ist groß. Aber es tat weh.«

Borussia Dortmund

Das erste Tor der Bundesliga-Geschichte hätte gar nicht fallen dürfen. Der Schiedsrichter hatte die Partie Borussia Dortmunds bei Werder Bremen eine Minute zu früh angepfiffen. Bevor die Uhr auf 17 Uhr sprang, stand es schon 1:0 für Dortmund durch einen Treffer von Timo Konietzka. Der erinnerte sich folgendermaßen daran: »Der Ball kam nach links auf Lothar Emmerich. ›Emma‹ lief bis zur Grundlinie und flankte zur Mitte. Ich stand etwa zehn Meter vor dem Tor entfernt und brauchte nur noch den Fuß hinzuhalten.« Am Ende verlor Dortmund das Spiel aber mit 2:3 – auch Konietzkas zweiter Treffer in der Schlussminute hatte nicht genügt.

Vom allerersten Bundesliga-Tor gibt es keine Filmaufzeichnung. Es war nur eine einzige Kamera im Stadion – und die lief noch nicht. Der Kameramann war wegen des zu frühen Anstoßes noch nicht fertig mit seinen Vorbereitungen. Um dennoch ein Bild zu haben vom Tor, wurde es einige Zeit später nachgestellt. Für Konietzka endete das schmerzhaft: »Mein Gegenspieler Max Lorenz meinte zu allem Überfluss, er müsse auch beim Nachstellen noch einmal ranklotzen. Er trat mir wie bei diesem ersten Tor noch mal volle Pulle in die Achillessehne. Richtig zugelangt hat er, der Lorenz, der Apparat.«

Im März 2012 entschied sich Timo Konietzka, wie mehrfach angekündigt, in seiner Schweizer Wahlheimat nach mehreren Krebserkrankungen freiwillig für den Tod. Konietzka nahm 73-jährig die in der Schweiz erlaubte Sterbehilfe in Anspruch.

Rudi Assauer wurde als Spieler Europacup-Sieger mit Dortmund.

Borussia Dortmund verdankt seinen Namen der früheren Dortmunder *Borussia*-Brauerei. Der Legende nach haben sich die rund 50 jungen Gründungsmitglieder des Klubs 1909 in der Kneipe »Zum Wildschütz« in der Nähe des Borsigplatzes von einem alten Reklameschild der bereits 1901 in Konkurs gegangenen Brauerei inspirieren lassen.

Das *Borussia*-Bier war die favorisierte Marke der Bergbau- und Stahlarbeiter.

Die Gründungsmitglieder der Borussia waren Mitglieder der katholischen Dreifaltigkeitsgemeinde.

Als Max Michallek am 11. Juni 1949 den Zug zum Vorrundenspiel um die Deutsche Meisterschaft nach Berlin verpasste, heuerte der Mittelläufer als Aushilfsheizer in einem nachfolgenden Güterzug an. An der Grenze zur SBZ wurde Michallek von den sowjetischen Zonenposten mit den Worten »Du Fußballer Michailow, du weiterfahren« begrüßt. Seine Mannschaftskameraden hatten zuvor beim Passieren der Grenze Bescheid gegeben. Michallek, genannt »die Spinne«, kam pünktlich in Berlin an.

Fritz Thelen war in der Saison 1935/36 der erste Profi-Trainer des BVB. Weil der Ex-Schalker aber zu Saisonbeginn noch nicht verfügbar war, leitete zunächst für acht Wochen sein Schwager, die Schalke-Legende Ernst Kuzorra, das Dortmunder Training.

Mittelstürmer August Lenz, 1935 erster Dortmunder National-spieler, hat seine Karriere beim BVB als Torwart begonnen.

Beim Revierderby am 26. September 1964 führte Dortmund zur Halbzeit auf Schalke bereits mit 6:0. In der Pause floss Sekt. Am Ende verlor Schalke mit 2:6. BVB-Trainer Hermann Eppenhoff war ein Ex-Schalker und hatte seine Spieler gebeten, sich in der zweiten Halbzeit etwas zurückzuhalten.

Zum Eröffnungsspiel des Westfalenstadions vor der WM 1974 empfing der BVB, damals nur zweitklassiger Regionalligist, die verhassten Schalker – die auch noch 3:0 gewannen.

In der Saison 1976/77 zierte ein Löwe das Vereinswappen. Weil der Zigarettenhersteller *Samson*, der einen Löwen im Wappen hat, als Hauptsponsor eingestiegen war, änderte der BVB kurzerhand auch das Klublogo. Die Firma schenkte dem Klub sogar einen echten Löwen namens »Sambo« als Maskottchen.

Gleich in seinem ersten Spiel für den BVB gelang Frank Mill das Kunststück, nach einem Sololauf den Ball unbedrängt an den Pfosten statt ins leere Tor zu schießen. Mill hatte zuvor die gesamte Hintermannschaft des FC Bayern hinter sich gelassen und auch Torwart Jean-Marie Pfaff überlaufen, als er sich wenige Meter vor dem Tor noch mal dazu entschied, einen Übersteiger zu machen. Der berühmt-berüchtigte Schritt zu viel.

Das Spiel endete 2:2. Im Laufe der Saison erzielte Mill noch 17 Tore, er blieb bis 1994 in Dortmund.

Weil Mill bei der WM 1990 in Italien zwar im Kader stand, aber nie von Teamchef Franz Beckenbauer eingesetzt wurde, sagt er selbst: »Eigentlich bin ich kein Weltmeister.«

Nach dem Revierderby im Dezember 1988 schüttete Abwehrspieler Frank Pagelsdorf *Bild*-Reporter Jürgen Meyer in den Katakomben des alten Parkstadions den Inhalt einer Cola-Dose in den Nacken. Als Dank für schlechte Kritiken der letzten Wochen. Meyers Reaktion: zwei Fausthiebe an Pagelsdorfs Kinn. Der Reporter erhielt daraufhin Hausverbot beim BVB, Pagelsdorf eine Disziplinarstrafe.

Das Containerschiff »Borussia Dortmund« (121 Meter lang) fährt unter der Flagge Zyperns.

Nuri Sahin war bei seinem ersten Bundesliga-Einsatz 2005 16 Jahre und 335 Tage alt und hält damit bis heute den Rekord des jüngsten Bundesliga-Spielers.

Nach dem 0:12 gegen Mönchengladbach in der Saison 1977/78 musste jeder Dortmunder Spieler 2000 Mark Strafe an den Verein zahlen.

Fünf Nationalspieler und Weltmeister holte Borussia Dortmund zwischen 1992 und 1995 aus Italien wieder nach Deutschland: Stefan Reuter (1992 für 4,2 Millionen Mark Ablöse von Juventus Turin), Karl-Heinz Riedle (1993 für neun Millionen Mark Ablöse von Lazio Rom), Matthias Sammer (1993 für 8,5 Millionen Mark Ablöse von Inter Mailand), Andreas Möller (1994 für 9,2 Millionen Mark Ablöse von Juventus Turin) und

Jürgen Kohler (1995 für 5,2 Millionen Mark Ablöse von Juventus Turin).

Den maximal 80.552 Zuschauern im Signal Iduna Park stehen 404 Toiletten und 622 Urinale zur Verfügung.

Fünf Borussen, die 1997 Juventus Turin im Münchner Olympiastadion mit 3:1 schlugen und die Champions League gewannen, standen vorher schon bei Juve unter Vertrag: Stefan Reuter, Andreas Möller, Jürgen Kohler, Paulo Sousa und Julio César.

76 Minuten dauerte es 1998 vor dem Champions-League-Halbfinale des BVB in Madrid, bis das am Zaun befestigte und eingeknickte Tor im Estadio Bernabéu ersetzt wurde.

13 Millionen Menschen sahen und hörten in Deutschland dabei zu, wie Marcel Reif und Günther Jauch beim Warten aufs neue Tor wunderbare Sätze einfielen wie: »Noch nie hätte ein Tor einem Spiel so gut getan«, oder: »Das erste Tor ist schon gefallen«. Als das Spiel endlich angepfiffen wurde, schauten nur noch sechs Millionen Zuschauer zu. Real gewann die Partie mit 2:0.

Reif und Jauch wurden für ihre Sprüche mit dem Bayerischen Fernsehpreis geehrt. Vor allem Reif hätte darauf wohl gern verzichtet. Der Kommentator hatte während des Wartens auf das ersehnte Tor Sendeleiter und Regisseur mehrfach aufgefordert, die Übertragung zu beenden.

Dortmund wollte 2001 unbedingt Ronaldinho verpflichten, doch der junge Stürmer mit dem charakteristischen Zöpfchen lehnte ab. Der Sprung nach Dortmund sei ein zu großer, befand er – und wechselte von Grémio Porto Alegre lieber zu Paris Saint-Germain, und von dort zwei Jahre später zum FC Barcelona.

Als Tomas Rosicky 2001 nach Dortmund wechselte, rief ein Reporter dem schmächtigen Techniker zu: »Junge, iss doch mal ein Schnitzel!« Klar, dass der Mittelfeldspieler fortan seinen Spitznamen weg hatte. Daheim in Tschechien hatten sie Rosicky freilich noch ganz anders genannt. Bei den Mitspielern von Sparta Prag hieß der Dribbler nur »Knödel« – Rosicky war zwar dünn, aß aber gern.

Der Erstausgabekurs der Borussia-Aktie beim Börsengang am 31. Oktober 2000 betrug 11 Euro. Bis zum Ende des Börsentags war der Kurs bereits auf 9,90 Euro gefallen.

Der BVB nahm durch die Erstemission der Aktien 130 Millionen Euro ein.

Von der Saison 2000/01 bis 2003/04 investierte der Klub auf dem Transfermarkt 103 Millionen Euro an Ablösen. Dieser Summe standen Transfereinnahmen von 39 Millionen Euro gegenüber.

78,7 Millionen Euro Verlust hat Borussia Dortmund in der Saison 2004/05 gemacht – bei einem Umsatz von 73,9 Millionen. Der Schuldenstand betrug damals 118,9 Millionen Euro. Der BVB war zudem faktisch zahlungsunfähig.

Seit Anfang Oktober 2014 ist die Borussia Dortmund AG nach einer Kapitalerhöhung und einem Anteilsverkauf an *Puma*, *Evonik* und *Signal Iduna*, wodurch 141 Millionen Euro erlöst wurden, offiziell schuldenfrei.

In der Saison 2004/05 verzichteten die Spieler freiwillig auf 20 Prozent ihres Gehalts. Dennoch hätte der Klub beinahe Insolvenz anmelden müssen.

2007 betrug der Kurs der BVB-Aktie nur noch 1,50 Euro.

Derzeit kostet eine Aktie des Klubs rund 6,50 Euro (Stand: Juni 2017).

Als Borussia Dortmund sich am 32. Spieltag der Saison 2010/11 seinen siebten Meistertitel sicherte, stand Trainer Jürgen Klopp zum 100. Mal an der Seitenlinie der Borussia.

Mit durchschnittlich 24,3 Jahren hatte der BVB in der Saison 2010/11 den jüngsten Meisterkader in der Bundesliga-Geschichte.

In der Meistersaison 2010/11 scheiterten die Dortmunder bereits in der Gruppenphase der Europa League. Hinter Paris Saint-Germain und Sevilla belegte der BVB nur Platz drei. Einzig Karpaty Lwiw aus der Ukraine konnten die Borussen hinter sich lassen.

In der darauffolgenden Saison schied der BVB sogar als Vierter in der Gruppenphase der Champions League aus. In sechs Spielen gegen Arsenal, Marseille und Piräus holte die Mannschaft nur vier Punkte.

In der Saison 2012/13 spielte der BVB viermal gegen Real Madrid. In der Gruppenphase der Champions League gab es einen Heimsieg (2:1) und ein 2:2 in Madrid. Im Halbfinale gewann der BVB sensationell mit 4:1. Das 0:2 im Rückspiel war danach auch schon egal.

Robert Lewandowski erzielte beim 4:1 gegen Real Madrid im Halbfinale der Champions-League-Saison 2012/13 alle vier Tore für Dortmund.

Der Signal Iduna Park heißt bei internationalen Spielen »BVB Stadion Dortmund«. Grund: Der Versicherungskonzern ist kein offizieller Sponsor der UEFA.

Michael Skibbe nannte Thomas Häßler im Jahr 1998 ein »Talent«. Da war Häßler allerdings schon 31 Jahre alt, bereits Welt- und Europameister geworden, hatte unter anderem für Juventus Turin und den AS Rom gespielt und den KSC in den UEFA-Cup geführt. Nach einer Saison, die er zwischen Bank und Rasen verbrachte und in der er hin und wieder sogar zum Wasserholen für die Stammspieler abkommandiert worden war, wechselte Häßler zu den Münchner »Löwen« – und erlebte dort seinen fußballerischen dritten Frühling.

Norbert Dickel erzielte im Pokalfinale 1989 beim 4:1 gegen Bremen zwei Tore – obwohl er sich ein paar Wochen zuvor einen Knorpel- und Meniskusschaden am Knie zugezogen hatte.

Dickel machte danach nur noch sechs Profispiele. Seit 1992 ist er Stadionsprecher der Borussia.

Dickel war vor dem Beginn seiner Profikarriere Zeitsoldat bei der Bundeswehr. 1984, nach zweijähriger Dienstzeit, verabschiedete er sich vom Bund und heuerte beim 1. FC Köln an. 1986 wechselte er schließlich nach Dortmund.

Seit 2012 ist Dickel stolzer Besitzer einer Currywurst- und Pommesbude am Ostenhellweg in Dortmund.

1996 nahm er zusammen mit Karel Gott eine Single mit dem schönen Titel »Schwarzgelb wie Biene Maja« auf.

Otto Addo zog sich in der Saison 2003/04 im UEFA-Cup-Spiel gegen Austria Wien einen Kreuzbandriss und eine Verletzung am Innenmeniskus zu – dennoch spielte er weiter und traf zum entscheidenden 1:0 gegen die Österreicher. Danach fiel er 13 Monate aus.

Wenn es nach der *Times* ginge, sollte jedes Champions-League-Finale in Dortmund stattfinden. Das englische Blatt kürte das Westfalenstadion 2009 zum stimmungsvollsten in Europa.

Jan Koller, von 2001 bis 2006 ziemlich treffsicherer Sturmriese, hat Schuhgröße 50.

Jürgen Klopp schrieb seine Diplomarbeit in Sportwissenschaften an der Uni Frankfurt einst über Nordic Walking.

Sein erstes eigenes Geld verdiente Klopp, 1967 in Stuttgart geboren, mit einem Ferienjob in der metallverarbeitenden Industrie. Mit 18 hätte er sich sogar einen Job als Fernfahrer vorstellen können, weil er unbedingt Auto fahren wollte. Schließlich entschied er sich doch fürs Abitur und das Studium der Sportwissenschaften.

2007 bekam Dedé den deutschen Pass. Der aus Brasilien stammende Außenverteidiger sagt heute dazu: »Das ist einer meiner wichtigsten Pokale.«

2011 folgte Dedé seinem früheren BVB-Trainer Michael Skibbe in die Türkei nach Eskişehirspor. 2014 wurde er sogar Skibbes Co-Trainer.

Ilkay Gündogan wurde in Gelsenkirchen geboren, wuchs in der Nähe des Parkstadions auf, seine Eltern leben heute noch dort. Für den FC Schalke spielte er aber nur ein Jahr in der Jugend. »Irgendwie hat es da nicht gepasst«, erinnerte er sich später. Gut für den BVB.

Jürgen Klopp empfahl seinen Chefs nach seiner Entscheidung, den Klub zum Saisonende 2014/15 zu verlassen, Thomas Tuchel als Nachfolger zu verpflichten.

Klopp rief auch bei Tuchel an und riet ihm, noch ein paar Tage mit seiner Unterschrift beim HSV zu warten. Eigentlich war Tuchel sich mit den Hamburgern, die seit dem Ende der letzten Saison um ihn gebuhlt hatten, bereits einig. Nach Klopps Anruf entschied er sich um – und unterschrieb beim BVB.

Sven Bender hat sich in Diensten des BVB bereits zweimal das Nasenbein gebrochen. Dazu kommen: ein beidseitiger Kieferbruch, ein Armbruch, ein Leistenbruch, diverse Verletzungen am Sprunggelenk, eine Nasenbeinprellung sowie Prellungen des Augapfels und Jochbeins, einige Schulterverletzungen, Schambeinentzündungen und diverse Zerrungen. Die zahlreichen Blutergüsse im Gesicht und an den Beinen lassen wir mal außen vor. Da ihn nur die Probleme am Sprunggelenk und die Schambeinentzündung lange außer Gefecht setzten, bekam der gebürtige Bayer den passenden Spitznamen »Iron-Manni«.

Der Spitzname »Iron-Manni« nervt ihn allerdings gewaltig.

Den Rufnamen »Manni« bekam Sven Bender bei Borussia Dortmund von Jürgen Klopp und Nuri Sahin verpasst, weil Sven wie der echte Manni Bender aus Bayern stammt. Der spielte in den 1990er-Jahren auch für den TSV 1860 München – Heimatverein von Sven und seinem Zwillingsbruder Lars, der in Leverkusen aktiv ist. Im Gegensatz zu den jüngeren Benders galt er als schlampiges Genie, das mit seinem linken Fuß wahre Wunderdinge vollbringen konnte. Sven und Lars sind dagegen eher rustikale Abräumer mit dennoch feiner Technik und einem guten Blick für die Mitspieler. Als ein *Bild*-Reporter Manni und »Manni« einmal zum Doppelinterview zusammenbrachte, antwortete der Ältere auf die Frage, welche Eigenschaft des Jüngeren er gern gehabt hätte: »Seine Laufstärke und seinen rechten Fuß. Meine Schwächen sind seine Stärken. In der Kombination unserer Stärken könnten wir sicher beim FC Barcelona spielen.«

Sven und Lars Bender sind Zwillinge, mit Manni Bender sind sie nicht verwandt.

Als Sven und Lars Bender zusammen beim TSV 1860 München spielten, hatten sie bei Bluttests regelmäßig exakt dieselben Werte.

Unmittelbar vor der EM 2012 sortierte Nationaltrainer Joachim Löw Sven Bender wieder aus dem Kader aus. Lars durfte dagegen mit zum Turnier. Die beiden seien sich einfach zu ähnlich, erklärte sich Löw, und er benötige nur einen zusätzlichen defensiven Mittelfeldspieler.

Die triumphale WM 2014 erlebten beide Benders verletzt zu Hause in Brannenburg. Während Sven sich schon vorzeitig wegen seiner Schambeinentzündung bei Löw abgemeldet hatte, musste Lars kurz vor dem Abflug nach Brasilien wegen einer Muskelverletzung passen.

Kevin Großkreutz und Marco Reus wurden in der Jugend vom BVB weggeschickt, weil sie ihren Jugendtrainern als zu schmächtig galten. Beide spielten fortan gemeinsam bei LR Ahlen und schafften dort 2009 den Aufstieg in die 2. Bundesliga.

Während Großkreutz danach ablösefrei zurück nach Dortmund wechselte, ging Reus zunächst zu Borussia Mönchengladbach. 2012 musste der BVB 17 Millionen Euro an den Niederrhein für den Spieler überweisen, den man sieben Jahre zuvor freiwillig hatte gehen lassen.

Neben seinem Herzensklub Dortmund ist Großkreutz auch bekennender Fan von Celtic Glasgow. Auch den 1. FC Köln mag er ganz gern.

Großkreutz' Vater Martin ist ein sogenannter Allesfahrer, er begleitet seinen Lieblingsklub seit Jahren – und seit 2009 somit auch seinen Sohn – zu allen Spielen.

Pierre-Emerick Aubameyang sprintet die 30 Meter angeblich in nur 3,7 Sekunden. Damit wäre er schneller als Usain Bolt bei seinem Weltrekordlauf bei der WM in Berlin 2009. Der Jamaikaner benötigte für die ersten 30 Meter damals 3,78 Sekunden. Dokumentiert worden ist Aubameyangs Bestmarke allerdings nie.

Bis er 20 war, trug Klopp immer die abgelegten Brillen seines Vaters auf. 2008 wurde er zum Brillenträger des Jahres gekürt.

Thomas Tuchel hat den gleichen Berater wie Sänger Clueso oder die Gruppe Fettes Brot.

Tuchel verzichtet größtenteils auf Zucker und Mehlprodukte. Nur bei besonderen Anlässen gönnt er sich »Schweinereien«. Dazu gehören für ihn: »Erdnüsse, Schokolade, Chips.«

Tuchel jobbte während seines Studiums als Barkeeper in der Stuttgarter »Radio Bar«. Heute trinkt er Alkohol nur nach besonderen Siegen – den Gewinn des DFB-Pokals 2017 feierte er mit einem Gin Tonic.

Tuchel war der erste Bundesligatrainer, der zuvor weder selbst in der Bundesliga gespielt, noch eine Mannschaft im Seniorenbereich trainiert hatte. Als er wenige Tage vor Saisonbeginn 2009/2010 in Mainz Jörn Andersen nachfolgte, hatte er zuvor nur Juniorenmannschaften trainiert.

Pierre-Emerick Aubameyang durfte 2016 nicht beim Champions-League-Spiel gegen Lissabon mitmachen, weil er zuvor unerlaubt nach Mailand geflogen war. Die Sache flog auf, weil auf Instagram Fotos von ihm auf einer Geburtstagsfeier in Mailand auftauchten. Das Spiel gegen Lissabon verfolgte er in einem Inspektor-Gadget-Gedächtnis-Trenchcoat und Hut auf der Tribüne.

Aubameyang besitzt unter anderem Sportwagen von *Porsche*, *Audi* und *Lamborghini* – alle gold foliert.

Marco Reus musste 2014 540.000 Euro Strafe zahlen, weil er jahrelang ohne Führerschein Auto gefahren war. 2016 bekam er nach bestandener Prüfung endlich seinen Lappen. Bis dahin chauffierte ihn oft Pierre-Emerick Aubameyang ans Trainingsgelände.

Der Nachname von Trainer Peter Bosz wird »Bosch« ausgesprochen. Als er bei seiner Vorstellung gefragt wurde, ob es »Boss« oder »Bosch« hieße, antwortete er zuerst lachend: »Peter«.

Nach dem Titelgewinn 2011 sagte Torwart Roman Weidenfeller einem Reporter eines Fernsehesenders aus Dubai: »We have a grandios saison gespielt.« Nach seinem 300. Bundesligaspiel im Jahr 2014 sagte er schmunzelnd: »I have a grandios career gehabt.«

FC Schalke 04

1965 entging Schalke dem Abstieg nur, weil die Bundesliga nach der Saison von 16 auf 18 Mannschaften aufgestockt wurde. Obwohl Schalke Letzter geworden war, durfte der Klub in der Eliteklasse bleiben.

Zwei Tage vor der höchsten Schalker Niederlage in der Bundesliga – ein 0:11 in Mönchengladbach im Januar 1967 – verstarb überraschend Rosemarie Kreuz, die Ehefrau von Mittelfeldspieler Manfred Kreuz, an einer Viruserkrankung. Dieser war aus nachvollziehbaren Gründen nicht mit zum Bökelberg gereist. Nur eine Woche später war Gladbach im Pokal zu Gast auf Schalke. Diesmal war Kreuz dabei, die Königsblauen« gewannen 4:2 und zogen ins Achtelfinale ein.

Friedel Rausch sind als Andenken an das Revierderby 1969 im Stadion Rote Erde zwei Narben am Allerwertesten geblieben. Ein Schäferhund des Ordnungsdienstes hatte ihn und seinen Kameraden Hans Pirkner während des Spiels mehrfach gebissen.

Der Hund, der Friedel Rausch in den Arsch biss, hieß Rex. Die Ordner hatten die Tiere losgelassen, als während des Spiels nach einem Tor für Schalke Zuschauer auf den Platz gestürmt waren. Rausch bekam eine Tetanusspritze und spielte weiter. Seitdem tragen Hunde am Spielfeldrand Maulkorb. Im Rückspiel in Dortmund ließ Schalke-Präsident Günter Siebert schließlich zahme Löwen aus dem Löwenpark Westerholt an der Mittellinie patrouillieren.

13 Schalker Spieler wurden infolge des Bundesliga-Skandals 1971 zeitweilig gesperrt. Nur bei Eintracht Braunschweig waren mehr Spieler in den Skandal verwickelt. Von den 16 bestraften Akteuren wurden bei den Niedersachsen aber nur drei gesperrt, die anderen kamen mit Geldstrafen davon.

Olaf Thon erzielte beim verrückten 6:6 nach Verlängerung im Halbfinale des DFB-Pokals 1984 drei Tore für Schalke gegen den FC Bayern.

Sein Profidebüt feierte Thon als 17-Jähriger in der Saison 1983/84. Er war maßgeblich am Schalker Wiederaufstieg beteiligt. 1988 wechselte er für sechs Jahre nach München, ehe er 1994 wieder zu seinem Herzensklub zurückkehrte.

Ein Jahr nach seinem Karriereende wurde Thon 2005 Aufsichtsrat des FC Schalke 04. In diesem Gremium blieb er bis 2009.

Bei der »Eurofighter-Party« 2007 zum zehnjährigen Jubiläum des UEFA-Cup-Siegs soll Thon volltrunken fünf Wein- und Biergläser auf den ehemaligen Schalker Manager Rudi Assauer geworfen haben. »Stimmt, es gab Krach. Ich habe am Anfang zu Assauer gesagt: ›Lass uns die Hand geben und vergessen, was vorgefallen ist.‹ Das wollte er nicht. Ich will nicht verhehlen, dass ich dann auch einige Gläser geschmissen habe. Ich habe auf niemanden gezielt«, verteidigte sich Thon am nächsten Tag in *Bild*.

Thon und Assauer galten seit dem Karriereende des ehemaligen Kapitäns als Intimfeinde. Thon warf Assauer vor, seine angestrebte neue Karriere als Vereinsfunktionär zu torpedieren, Assauer war der Meinung, Thon habe im Aufsichtsrat Stimmung gegen ihn gemacht, bis das Gremium ihn 2006 schließlich abgelöst habe.

Weil er abseits des Platzes eine auffällige dunkle Brille trug und eine Vorliebe für schwarze Lederjacketts hatte, galt Yves Eigenrauch als Fußball-Intellektueller. Dass er schon während seiner Karriere gelegentlich für die *taz* schrieb, abendfüllend über die Integrationskraft des Fußballs parallel zur Atomisierung der Gesellschaft referieren konnte und zudem leidenschaftlich die Kommerzialisierung des modernen Fußballs kritisierte, tat sein Übriges. Abitur hat Eigenrauch übrigens keins.

Aleksandar Ristić empfahl dem jungen Eigenrauch einst, lieber Koch zu werden statt Fußballprofi. Trotzdem verhalf Ristić dem Verteidiger 1991 zu seinem Debüt in der Bundesliga – weil er kurzfristig zwei andere Spieler aus dem Kader geworfen hatte. Er hatte sie in der Nacht vor dem Spiel beim Backgammonspielen erwischt.

Die Hamburger Indie-Band Tomte widmete Eigenrauch, von den Fans im Stadion liebevoll »Yyyyyyyves« gerufen, das Lied »Yves, wie hältst du das aus?«.

Nach dem Ende seiner Karriere war Eigenrauch unter anderem als Fotograf tätig, machte Öffentlichkeitsarbeit für ein Kinder- und Jugendtheater in Gelsenkirchen und leitete ein Projekt gegen Diskriminierung und Rassismus. Über die Essener Agentur »Redner & Perspektiven« kann Eigenrauch auch als

Redner für Veranstaltungen gebucht werden. Heute ist Eigenrauch aber vor allem Hausmann.

Fußball und die Mode, schon immer eine (un-)heilvolle Allianz: In den 1930er- und 1940er-Jahren waren die Fußballhosen noch deutlich länger und weiter als heute, reichten über die Knie. Als der Schalker Stürmer Ernst Kuzorra einmal gefragt wurde, wieso Fußballer immer so lange Hosen trügen, antwortete er schlagfertig: »Weil wir alle so lange Dödel haben.« Man möchte sich gar nicht ausmalen, was der langjährige Hertha- und 1860-Keeper Gabor Kiraly unter seiner immer bedenklich ausgebeulten grauen Schlabberhose verbergen will.

Das Vereinslied »Immer auf Schalke« ist Paul Schwarz gewidmet, den die »Knappen« noch immer nur als »Opa Pritschikowski« kennen. Der 1887 geborene und 1983 verstorbene Fan verfolgte die Spiele seiner Mannschaft in der Glückauf-Kampfbahn stets an einer großen Glocke, die er beim Einlauf der Mannschaft und bei jedem Tor betätigte. Als Plattenproduzent Hans Beukenberg Ende der 1960er-Jahre auf der Suche nach dem Plattencover für die Vereinssingle war, wählte er Schwarz an seiner Glocke aus. 1991 wurde das Lied dann posthum dem Bergmann gewidmet.

Torwart Norbert Nigbur fand während eines Revierderbys in den 1970er-Jahren die Zeit, ein Eis zu essen. Weil sich seit ein paar Minuten schon kein Dortmunder mehr in die gegnerische Hälfte verirrt hatte, war Nigbur einfach aus seinem Tor gegangen und hatte sich weit vorne postiert. Ein Eisverkäufer reichte dem beschäftigungslosen Torhüter an der Seitenlinie das Eis, das dieser dankend annahm und am Sechzehner gemütlich aufschleckte.

Charly Neumann, langjähriger Mannschaftsbetreuer und Gastronom, versprach allen Schalkern UEFA-Cup-Siegern von 1997 lebenslanges Gratisessen in seinen Wirtshäusern. Er hielt sich dran, natürlich.

Klaus, Jürgen und Stephan Täuber sind das einzige Brüder-Trio, das in der Bundesliga spielte. Alle drei waren sowohl bei Schalke als auch in Nürnberg aktiv, Klaus und Jürgen sogar gleichzeitig bei beiden Vereinen. Klaus, der Älteste, und Stephan, der Jüngste, spielten von 1985 bis 1987 nur in Schalke gemeinsam.

Bundestrainer Helmut Schön berief 1971 für das Länderspiel gegen Albanien sieben Schalker für die DFB-Elf: Reinhard Libuda, Klaus Fichtel, Rolf Rüssmann, Klaus Fischer, Herbert Lütkebohmert, Klaus Scheer und Jürgen Sobieray. Beim eher peinlichen 1:0 gegen Albanien spielte schließlich allerdings nur Libuda. Fichtel verletzte sich im Abschlusstraining, die anderen schickte Schön in die Juniorenelf (bis 23 Jahren).

1974 nahmen die Schalker Zwillinge Erwin und Helmut Kremers die Schallplatte »Das Mädchen meiner Träume« auf, die sich 50.000-mal verkaufte und Platz 44 in den deutschen Charts erreichte.

Außenstürmer Erwin Kremers wurde 1972 Europameister mit der DFB-Elf, flog aber kurz vor der WM 1974 wegen einer

Roten Karte im letzten Ligaspiel in der Saison 1973/74 aus dem Kader. Zwillingsbruder Helmut dagegen war 1972 nicht im Kader, durfte aber zwei Jahre später mit zur WM.

Während sich Erwin nach seiner aktiven Karriere aus dem Fußball zurückzog, war Helmut zwischen 1989 und 1993 insgesamt dreimal Manager des FC Schalke 04 und außerdem Interimstrainer und sogar der letzte Präsident des FC Schalke. Nach seiner Amtszeit wurde durch eine Satzungsänderung das Amt des Präsidenten abgeschafft, stattdessen amtiert ein vom Aufsichtsrat bestellter Vorstand.

Brasilianer, WM-Held, was kann da schon schiefgehen? Dachte sich wohl Präsident Günter Eichberg, als er 1975 Francisco Marinho von Botafogo Rio de Janeiro verpflichten wollte. Blöd nur: Marinho war ein Verteidiger, mit Offensivdrang zwar, aber dennoch ganz klar: Verteidiger. Trainer Ivica Horvat hatte sich aber partout einen Stürmer gewünscht. Dem Verwaltungsrat schien Marinho mit 1,4 Millionen Mark Ablöse und 240.000 Mark Handgeld zudem ein wenig teuer. Eichberg ließ Marinho trotzdem einfliegen – und das Volk abstimmen. Der Transfer sollte schließlich durch eine Preiserhöhung subventioniert werden. Vor dem Spiel gegen den FC Bayern bekamen die 70.000 Zuschauer je zwei Stimmzettel. »Marinho kaufen?« und »Marinho-Zuschlag?« stand auf den Stimmzetteln, außerdem die Antwortmöglichkeiten »Ja« und »Nein«. Blöd nur, dass von den 70.000 Stimmzetteln andertags nur noch rund 450 gefunden wurden. »Die Müllabfuhr hat die Zettel auf die Kippe gebracht«, vermutete Siebert. Die Auszählung der Mini-Stichprobe ergab: 75 Prozent für die Verpflichtung, 60 Prozent gegen den Zuschlag. Der Verwaltungsrat verbot den Transfer, Marinho flog wieder heim.

1979 wurde Manfred Drexler als erster Spieler in der Bundesliga nachträglich per TV-Beweis gesperrt. Der Offensiv-Allrounder hatte den am Boden liegenden Bayern-Spieler Wolfgang Kraus, vom Schiedsrichter unbemerkt, getreten. Die TV-Bilder überführten Drexler, der DFB sperrte ihn für ganze drei Monate.

Klaus Fichtel war bei seinem letzten Spiel in der Bundesliga im Mai 1988 gegen Werder Bremen 43 Jahre, sechs Monate und zwei Tage alt. Damit ist er der älteste je in der Bundesliga eingesetzte Spieler. Insgesamt bestritt er 22 Spielzeiten in der Liga – auch dies ein Rekord. Bevor er Profi wurde, arbeitete Fichtel nach seiner Lehre 18 Monate als Bergmann unter Tage und war auch als Fahrer im Sulky auf der Trabrennbahn unterwegs.

Als Werner Hansch am 24. Februar 1973 zum ersten Mal aushilfsweise den Job des Schalker Stadionsprechers übernahm, kündigte er bei der Mannschaftsvorstellung den Torwart mit den Worten »Mit der Startnummer eins: Norbert Nigbur« an. Hansch war vorher Sprecher der Trabrennbahn Recklinghausen gewesen und Pferde und Sulkys haben nun mal Startnummern. Der Versprecher brachte Hansch viel Spott ein, er war ihm jahrelang peinlich. Doch er hinderte ihn nicht daran, 1978 Fußballreporter beim WDR zu werden. Im November 1978 kommentierte er zum ersten Mal ein Spiel live, den Zweitligakracher zwischen Preußen Münster und Leverkusen. 14 Jahre lang blieb Hansch beim Hörfunk, dann wechselte »die Stimme des Westens« zum Fernsehen.

Anders als häufig erzählt, moderierte Carmen Thomas nach ihrem legendären Versprecher im *aktuellen sportstudio*, als ihr versehentlich »Schalke 05« rausrutschte, die Sendung noch eineinhalb Jahre weiter.

Thomas' Versprecher war bereits 18 Tage her, als die *Bild* ihn groß auf der Titelseite brachte. Zuvor hatte sich niemand über die falsche Jahreszahl mokiert.

Bereits während ihres zweiten Auftritts als Moderatorin des *aktuellen sportstudios* hatte sich Carmen Thomas mit der Redaktion der *Bild am Sonntag* angelegt. Sie hielt live die Frühausgabe der *BamS* in die Kamera, in der ein übler Vorabverriss ihrer Sendung stand. »Sie brauchen heute nicht zu gucken, weil eine große deutsche Zeitung schon weiß, wie ich heute sein werde«, sagte sie. Für Thomas' Chuzpe rächten sich die Kollegen der *Bild* dann mehr als ein halbes Jahr später.

1974 wollte Schalke unbedingt Hannes Bongartz von Wattenscheid nach Gelsenkirchen lotsen. Der damals 23-Jährige, wegen seiner Statur »Spargeltarzan« genannt, galt als größtes deutsches Mittelfeldtalent. Leider waren die »Knappen« Mitte der 1970er-Jahre mal wieder etwas knapp bei Kasse. Also mussten die Fans helfen. Um den Transfer zu refinanzieren, erhöhte Schalke 1974 die Preise im Stadion um die »Bongartz-Mark«. Soli mal anders. Immerhin führte der »Spargeltarzan« seine Mannschaft 1977 zur Vizemeisterschaft.

Unter Präsident Günter Eichberg stieg der Klub zwar 1991 wieder in die Bundesliga auf, doch richtig beliebt war Eichberg weder beim Anhang noch bei den jeweiligen Trainern und Managern. Er gerierte sich als Patriarch, der über alles und jeden entscheiden musste. Sein passender Spitzname: »Sonnenkönig«. Dass seine Entscheidungen manchmal nur er selbst verstand, versteht sich von selbst. Ein Beispiel? In der letzten Zweitligasaison wollte Eichberg in der Winterpause partout den beim FC Bayern krachend gescheiterten Stürmer Radmilo Mihajlović verpflichten. Uli Hoeneß wusste gar nicht, wie ihm geschah, und rief eine Ablösesumme von 2,5 Millionen Mark auf. Schalkes Manager Helmut Kremers schlug ein. Dass aber sein Untergebener die Verhandlungen zum Abschluss gebracht hatte, passte Eichberg überhaupt nicht. Also verkündete er den Transfer als perfekt – bevor die Verträge unterschrieben waren. Das passte Hoeneß wiederum überhaupt nicht und er drohte, den Wechsel platzen zu lassen. Eichberg schimpfte (»der Hoeneß kann mich am Hobel blasen«) – und überwies schließlich drei Millionen Mark nach München. »Wenn wir mit solchen Komödien immer eine halbe Million Mark verdienen können, dann darf mich der Eichberg so oft am Hobel blasen, wie er will«, sagte daraufhin Hoeneß.

Michael Zylka, Eichbergs Vorgänger als Präsident, amtierte nur drei Tage. Er hatte sich bei der Mitgliederversammlung am 21. November 1988 nach einer flammenden Rede völlig überraschend mit 675:536 Stimmen gegen Fred Gatenbröcker durchgesetzt. »In den 1980er-Jahren brauchte man nur zu tönen: ›Schalke 04 wird Deutscher Meister, und ich werde dafür sorgen‹ – und schon war man so gut wie gewählt«, erinnerte

Zylka sich Jahre später im *Revier Sport*. Nur drei Tage nach seiner Wahl reichte der ehemalige Oberleutnant seinen Rücktritt ein. Der Verwaltungsrat hatte die von Zylka geplante Inthronisierung von Rolf Rüssmann als Manager abgelehnt. Außerdem hatte die Stadt Gelsenkirchen politischen Druck auf den unerfahrenen Zylka ausgeübt.

»Mir schlug Mobbing und pure Ablehnung entgegen. Von daher war mein Rücktritt keine Flucht, sondern für alle Beteiligten das Beste«, erinnerte sich Zylka. Dennoch sagte er 20 Jahre später auch: »Es waren die drei wichtigsten Tage meines Lebens. Ein Crashkurs darin, wie Bundesligavereine geführt werden, wie unmenschlich es teilweise zugeht. Ich wusste, dass ich in einen reißenden Fluss springen werde, aber nicht, wie kalt das Wasser ist. Diese 72 Stunden haben mein Leben völlig verändert, und ich habe gemerkt, dass man etwas bewegen kann, wenn man selbst an sich glaubt.«

Seinen Rücktritt verkündete Zylka bei einer Pressekonferenz selbstironisch mit den Worten: »Die Ära Zylka ist zu Ende.«

Eichberg wurde schließlich am 16. Januar 1989 zum Präsidenten gewählt. Obwohl sich 25 Mitglieder für das Amt interessiert hatten und schließlich vier auch tatsächlich kandidierten, setzte sich der Klinikbesitzer mit überwältigender Mehrheit durch. 1147 der 1310 anwesenden Wahlberechtigten votierten für ihn. Bei Eichbergs Bestätigung im Oktober 1989 stimmten sogar 1005 von 1008 der anwesenden Mitglieder für ihn.

Am 21. März 1992 schenkte Eichberg Schiedsrichter Manfred Neuner nach der Partie der Schalker gegen Duisburg ein Jagdgewehr. Ein Geschenk zum 100. Einsatz in der Bundesliga. Richtig glücklich wurde der Hobbyjäger in Schwarz nicht mit Eichbergs Geschenk: Eineinhalb Jahre später berichtete der *Spiegel* über die Zuwendung, die 3000 (so behauptete es Neuner) oder 30.000 Mark (laut *Spiegel*) wert war; Manipulationsvorwürfe standen im Raum. Kurze Zeit später musste Neuner, von 1985 bis 1991 sogar Fifa-Schiedsrichter und für internationale Einsätze berechtigt, seine Karriere beenden.

Meist schadete Eichberg sich mit seinem fragwürdigen Geschäftsgebaren aber eher selbst – beziehungsweise seinem Verein: Weil man sich bei den Verhandlungen mit dem oben schon erwähnten Radmilo Mihajlović nicht sofort einigen konnte, sagte der Präsident zum bei Bayern eher glücklosen Stürmer: »Ich unterschreibe jetzt den Vertrag und gehe auf die Toilette. Wenn ich wiederkomme, hast du selbst eingetragen, was du verdienen möchtest.« Der verdutzte Mihajlović tat, wie ihm befohlen – und schrieb: »500.000 Garantiegehalt, 1,6 Millionen Handgeld, mietfreies Haus mit Einrichtung, Mercedes.« Eichberg fand das fair und winkte es durch. Aus dem glücklosen wurde ein sehr glücklicher Mihajlović. Erst ein paar Tage später fiel Eichberg auf, dass der neue Angreifer ein Dollarzeichen vor die Summen gemalt hatte – der Dollar war damals wesentlich mehr wert als heute.

Als Eichberg im Sommer 1992 Udo Lattek als neuen Trainer präsentierte, überschlug er sich fast vor Freude. Der Startrainer sei ein »menschlich feiner Kerl«. »Er arbeitet bei Schalke quasi umsonst«, verkündete der »Sonnenkönig«. Quasi umsonst hieß für Eichberg: 8000 Mark für jeden Punkt, eine Suite im Gelsenkirchener Maritim-Hotel, ein Dienst-Mercedes inklusive Tankkarte und die Übernahme aller Telefonkosten. Außerdem: zwei Millionen Mark für die Meisterschaft, 1,5 Millionen für den Europapokaleinzug, ebenso viel, wenn Schalke vor Dortmund landen würde. Klappte alles nicht. Der recht lustlose Lattek lamentierte öffentlich, kaum mehr Zeit zum Golfen zu haben. Im Januar 1993 nahm er seinen Hut. Helmut Schulte führte den Aufsteiger schließlich auf Platz zehn.

Überhaupt hatten sie es beim FC Schalke mit wunderlichen Gagenverhandlungen. Während der Weihnachtsfeier 1976 erhöhte Manager Günter Siebert, nicht mehr ganz nüchtern, die Gage für Schlagerbarde Roberto Blanco kurzerhand um 5000 Mark. Blanco war während der Feier kurz aufgetreten – und hatte vor allem nachher sicher ganz viel Spaß.

Papst Johannes Paul II. war Ehrenmitglied von Schalke. Die Mitgliedschaft wurde dem damaligen Oberhaupt der katholischen Kirche 1987 verliehen, als er während eines Deutschland-Besuchs eine Messe im Parkstadion las.

Unter anderem traten im Parkstadion Pink Floyd, Michael Jackson und die Rolling Stones auf.

Die Schalker UEFA-Cup-Gewinner von 1997 sind bis heute als »Eurofighter« bekannt.

Trainer der »Eurofighter« war Huub Stevens. Den Niederländer hatte Manager Rudi Assauer im Vorjahr verpflichtet – wenige Wochen, nachdem Schalke in der ersten Runde des UEFA-Cups den niederländischen Klub Fortuna Sittard und dessen Trainer Stevens aus dem Wettbewerb geworfen hatte.

Stevens ist von den Fans zum Schalker Trainer des Jahrhunderts gewählt worden.

Jens Lehmann war der erste Torwart der Bundesliga-Geschichte, der aus dem Spiel heraus ein Tor erzielte. Beim Revierderby gegen Dortmund am 19. Dezember 1997 gelang ihm kurz vor Schluss nach einer Ecke per Kopf das 2:2.

Das war bereits Lehmanns zweites Tor in der Bundesliga. Beim 6:1 über den TSV 1860 München in der Saison 1994/95 hatte er schon per Elfmeter getroffen.

Lehmann ist neben Andreas Köpke und Elfmeterspezialist Hans Jörg Butt der einzige Bundesliga-Torwart, dem mehr als ein Tor gelang.

Nach Lehmann waren noch Bremens Frank Rost 2002 und Augsburgs Marwin Hitz 2015 aus dem Spiel heraus erfolgreich. Alle drei trafen für ihre Mannschaften zum Ausgleich in buchstäblich letzter Sekunde.

1993 fuhr Jens Lehmann noch während der zweiten Halbzeit des Spiels von Schalke bei Bayer Leverkusen mit der S-Bahn nach Hause. Trainer Jörg Berger hatte den jungen Keeper in der Pause ausgewechselt, Lehmann hatte in 27 Minuten drei Treffer kassiert. Ohne ihn ging das Spiel dann 1:5 verloren – wovon Lehmann erst zu Hause erfuhr. Im Jahr zuvor hatte Lehmann, der später zu einem der besten Torhüter der Bundesliga-Geschichte werden sollte, sechs Tore in Leverkusen kassiert.

1000 Mark boten zwei Mannschaftskameraden Thorsten Legat vor der Saison 2000, wenn er bei der Aufnahme des Mannschaftsfotos seine Hose bis zu den Achseln hochziehen würde. Gutes Geschäft, dachte sich Legat, zog die Buxe hoch, grinste freundlich. Das Foto ging so in den Druck. Blöd nur, dass Manager Rudi Assauer das Ganze weniger lustig fand als Legat: 10.000 Mark Strafe. Kein gutes Geschäft.

Die Bierleitungen in der mittlerweile »Veltins Arena« genannten Arena AufSchalke sind über 5000 Meter lang. Im Gegensatz zu allen anderen Bundesligaklubs setzen die Schalker in ihrem Stadion auf eine zentrale Bierversorgung statt auf eine Verköstigung der Zuschauer aus den normalen 50-Liter-Fässern. Die Bierleitungen führen aus vier Kühlzentren in den Katakomben des Stadions zu 126 Zapfhähnen in 32 Kiosken. 16.000 Liter Bier fassen die Kühlzentren im Stadion.

Den maximal 61.000 Zuschauern stehen 400 Toiletten und 362 Urinale zur Verfügung.

Rudi Assauer war von 1981 bis 1986 und von 1993 bis 2006 Manager auf Schalke. Seine größten Erfolge als Spieler feierte er allerdings beim schärfsten Rivalen Borussia Dortmund. Von 1964 bis 1970 spielte Assauer in der Abwehr der Schwarz-Gelben, gewann mit ihnen unter anderem 1966 den Europapokal der Pokalsieger.

2010 wurde Rudi Assauer, schon nicht mehr bei Schalke in Amt und Würden, von Borussia Dortmund geehrt: für 40 Jahre Mitgliedschaft beim BVB.

Assauer gewann am 2. Februar 2006 die Goldene Kamera in der Kategorie »Bester Werbespot mit Prominenten«. Das Gremium zeichnete ihn und seine damalige Lebensgefährtin Simone Thomalla für ihren gemeinsamen Spot für die Biermarke *Veltins* aus.

Wegen seiner Vorliebe für dicke Zigarren wurde Assauer jahrelang »Stumpen-Rudi« genannt.

Seine Biografie »Wie ausgewechselt: Verblassende Erinnerungen an mein Leben«, in der Assauer 2012 zusammen mit dem Fußballjournalisten Patrick Strasser auch seine Alzheimerkrankheit thematisiert, war eine Woche auf Platz eins der *Spiegel*-Bestseller-Liste.

Auch Assauers älterer Bruder Lothar litt an Alzheimer. Er verstarb 2013 an den Folgen der Erkrankung.

2001 war Schalke für vier Minuten und 38 Sekunden Deutscher Meister. Besser gesagt: So lange feierten die Schalker den vermeintlich gewonnenen Titel. Dann traf in Hamburg Bayerns

Patrick Andersson. Der Ehrentitel »Meister der Herzen« konnte die Tränen von Spielern, Funktionären und Fans aber auch nicht vergessen machen.

Premiere-Mann Rolf Fuhrmann hatte damals fälschlicherweise – und aus Versehen – Andreas Müller zum Titel gratuliert.

Gerald Asamoahs Spitzname war »Blondie«. Der Name wurde dem dunkelhäutigen Stürmer von Assauer verpasst.

Asamoah leidet an einer Herzschwäche. Der frühere Nationalstürmer durfte nur spielen, wenn sich ein funktionsfähiger Defibrillator am Spielfeldrand befand.

Stürmer Klaus Fischer gelang 1977 das offizielle Tor des Jahrhunderts. Sein Fallrückzieher in der Nationalmannschaft am 16. November beim 4:1 gegen die Schweiz wurde von den Zuschauern der *ARD Sportschau* prämiert.

Fischer ist gelernter Glasbläser und stammt aus Zwiesel im Bayerischen Wald. Mit 268 Toren liegt er hinter Gerd Müller auf Platz zwei der ewigen Torschützenliste der Bundesliga.

Fischers 2006 erschienene Autobiografie trägt den Titel »Fallrückzieher ... und mehr«.

Ailton erschien in der Winterpause der Saison 2004/05 ausnahmsweise pünktlich zum Trainingsauftakt. Den verpasste er aber trotzdem: In seiner Heimat hatte er sich beim Rodeo zwei Finger gebrochen und musste erst mal zum Arzt.

Kevin-Prince Boateng ist ein Neffe zweiten Grades des 1954er Weltmeisters und Siegtorschützen beim »Wunder von Bern«, Helmut Rahn. Schalkes früherer Spielmacher, in Berlin als Sohn einer Deutschen und eines ghanaischen Vaters geboren, ist der Enkel eines Cousins von Rahn.

Die Eltern von Ex-Schalke-Trainer Roberto di Matteo stammen aus der kleinen Gemeinde Paglieta in den Abruzzen. Im Telefonbuch des 4500-Seelen-Ortes gibt es 63 Einträge mit dem Namen di Matteo.

Nach dem Ende seiner aktiven Karriere studierte di Matteo zunächst in Zürich BWL, ehe er noch 14 Monate an der London School of Economics dranhängte.

Nach dem Saisonauftakt 2010 verteilte der damalige Kapitän Manuel Neuer T-Shirts an seine Mitspieler, mit denen Fans gegen den damaligen Trainer Felix Magath protestierten. Die Spieler wussten allerdings nicht, was sie da trugen. Die T-Shirts waren Neuer vorher von Fans gegeben worden.

Trainer Domenico Tedesco absolvierte seinen Trainerlehrgang im gleichen Jahr wie Hoffenheims Coach Julian Nagelsmann. Tedesco war Jahrgangsbester. Seine Note: 1,0. Nagelsmann war zweitbester mit einem Notenschnitt von 1,3.

Tedesco wurde in Kalabrien geboren, die Familie zog aber kurz nach seiner Geburt in die Nähe von Stuttgart. Sein Nachname heißt auf italienisch: »Deutsch«.

Tedesco ist studierter Wirtschaftsingenieur und arbeitete nach seinem Studium bei Mercedes an der Entwicklung der A-Klasse mit. Er kündigte die Festanstallung aber, um Jugendtrainer beim VfB Stuttgart zu werden.

1. FC Nürnberg

Die 18 Gymnasiasten, die am 4. Mai 1900 den 1. Fußball-Club Nürnberg gründeten, wollten in ihrem neuen Verein eigentlich Rugby spielen.

Weil für Rugby aber 30 Spieler nötig waren und die Jungs Schwierigkeiten hatten, genügend Kameraden zu finden, entschieden sie sich 1901, Fußball zu spielen.

Der Club verlor im November 1901 das erste Derby gegen den FC Bayern München mit 0:6. Bayern wurde so zum ersten Mal bayerischer Meister.

Franz Brungs erzielte beim 7:3 der Nürnberger über den FC Bayern in der Saison 1967/68 fünf Tore.

Herbert Widmayer war der erste Trainer in der Bundesliga, der vorzeitig entlassen wurde. Nach einem 0:5 gegen Kaiserslautern setzte der Club den Coach im Oktober 1963 vor die Tür.

Zuvor hatten Fans im Stadion Fahnen verbrannt, Widmayer als »Dreckschwein« beschimpft, sein Auto beschädigt und auch die Frau des Trainers am Telefon bedroht. Der Vorstand bat Widmayer daraufhin, sich aus »gesundheitlichen Gründen« beurlauben zu lassen. Der Coach stimmte zu.

Die Spieler fanden die Entscheidung des Vorstands eher unglücklich. »Das hat er nicht verdient«, sagte Max Morlock.

Heinz Stehl empfand die Entlassung des Trainers gar als »riesige Sauerei. Dieses Leben ist wirklich ein Scheißspiel!«

Im Finale um die Deutsche Meisterschaft 1920 spielte der 1. FC Nürnberg mit acht deutschen Nationalspielern. Gegner war die SpVgg Fürth – der sechs Nationalspieler angehörten. Der Club gewann 2:0 und sicherte sich so den ersten Meistertitel. Die Tore erzielten Ludwig Popp und der ungarische Nationalspieler Péter Szabó.

Szabó war nach einem Freundschaftsspiel seines MTK Budapest in Nürnberg 1919 einfach in Franken geblieben und hatte sich dem Club angeschlossen.

Von 1930 bis 1932 war der gebürtige Ungar Jenö Konrád Trainer des 1. FC Nürnberg. Das in Nürnberg verlegte nationalsozialistische Hetzblatt *Der Stürmer* begann nach dem Aus gegen den FC Bayern im Halbfinale um die Deutsche Meisterschaft 1932 eine Schmutzkampagne gegen Konrád, einen Juden. »Klub! Besinn Dich und wache auf. Gib Deinem Trainer eine Fahrkarte nach Jerusalem!«, schrieb das Blatt. Der Trainer floh mit seiner Familie nach Wien, die Vereinsoberen konnten ihn nicht zum Bleiben überreden.

Am 27. April 1933, Monate vor der offiziellen Gleichschaltung der Vereine in Nazi-Deutschland, schloss der Club alle jüdischen Mitglieder mit Wirkung zum 1. Mai aus.

Der Wiener Franz »Bimbo« Binder war von 1954 bis 1960 Trainer des 1. FC Nürnberg. Länger hielt es keinen anderen Coach ununterbrochen beim Club.

»Bimbo« wurde Binder bereits seit den 1930er-Jahren genannt. Während einer Nordafrika-Tour besuchte die Mannschaft von Rapid Wien den Kinofilm »Der Wirbelsturm«. Der dunkelhäutige Hauptdarsteller erinnerte die Kameraden von seinem Laufstil her an Binder ... Political Correctness war noch nicht erfunden.

Max Merkel gewann 1968 mit Nürnberg die letzte Meisterschaft. Eine Saison später stieg der Club ab.

Nürnberg ist sowohl Rekordaufsteiger als auch Rekordabsteiger der Bundesliga. Acht Abstiegen standen in der Saison 2014/15 sieben Aufstiege gegenüber.

Das »A.« im Namen des langjährigen Club-Präsidenten Michael A. Roth (1979 bis 1983, 1994 bis 2009) steht für Adolf.

Roth (1,63 Meter) wurde auch »Napoleon vom Valznerweiher« genannt.

Roth hat nach eigenen Angaben 100 Maßanzüge in seinem Schrank hängen. In den Brusttaschen stecken Zettel, auf die er schreibt, wann er den jeweiligen Anzug zuletzt getragen hat. Anfertigen lässt er seine Outfits in der Nürnberger Innenstadt bei einem Schneider namens Martin.

Roth hat lange Zeit Männerschuhe mit Keilabsätzen getragen. Die seien in seiner Jugendzeit Mode gewesen, »und ich war wohl lange nicht auf der Höhe der Zeit«, verriet er einmal der *Welt*.

Roth war in seiner Jugend Amateurboxer. Für Fußball hat er sich nicht sonderlich interessiert. In seiner vierjährigen ersten Amtszeit von 1979 bis 1983 verschliss er acht Trainer. Während seiner zweiten Amtszeit von 1994 bis 2009 arbeiteten sieben Trainer beim Club.

Seinen ersten Trainer entließ Roth am dritten Spieltag der Saison 1979/80. Eine Stunde nach dem 2:2 gegen den Tabellenletzten VfR Bürstadt wies Roth die Stadionkassierer an, die Einnahmen aus den Ticketverkäufen in einen Karton zu stecken. Den Karton gab er daraufhin Trainer Jef Vliers. Der verstand den Wink, nahm das Geld und verschwand aus Nürnberg.

Trainer Willi Entenmann musste in der Saison 1993/94 nach einem 2:0 gegen den FC Bayern seinen Hut nehmen. Wohlgemerkt: nach einem Sieg gegen den Rekordmeister. Am Ende der Saison stieg der Club ab. Roth hatte mit Entenmanns erster Entlassung nichts zu tun. Er übernahm den Verein erst nach dem Abstieg wieder.

Roths Nachfolger Franz Schäfer war der letzte ehrenamtliche Präsident des Clubs. Er schaffte sich nach einer Satzungsreform 2010 quasi selbst ab. Seitdem führen zwei hauptamtliche Vorstände den 1. FC Nürnberg.

Obwohl nur knapp ein Jahr im Amt, schaffte Schäfer es, kräftig ins Fettnäpfchen zu treten. Während des Wintertrainingslagers 2010 in Belek stieß der junge Verteidiger Breno – noch weit davon entfernt, zum Brandstifter zu werden – zum Club. Schäfer wollte die Leihgabe des FC Bayern persönlich begrüßen. Laut *Bild* trug sich daraufhin folgende lustige Episode zu: Am Hotelbuffet baute Schäfer sich vor einem groß gewachsenen dunkelhäutigen Spieler auf. »Hola Señor Breno«, setzte er an und stellte sich als »Presidente, 1. FC Nürnberg!« vor. Sein Gegenüber machte große Augen, sogar das Rührei soll ihm fast vom Teller gefallen sein: »Hallo! Ich bin der Marvin Matip vom 1. FC Köln.« Nach einigem Suchen fand Schäfer Breno schließlich doch noch.

Der Club wird bereits seit den 1920er-Jahren »Club« genannt. Grund: Der 1. FC Nürnberg war damals so erfolgreich, dass er als Inbegriff eines Fußballklubs galt.

Auch wegen des bemerkenswerten Fußballs des Clubs zog das *Kicker*-Sportmagazin in den 1920er-Jahren aus Ludwigshafen nach Nürnberg um. Bis heute befindet sich der Sitz des Fachblattes in der Frankenmetropole.

Andreas Köpke stieg 1994 und 1999 mit dem Club ab. Nach dem ersten Abstieg wechselte der Nationalkeeper zu Eintracht Frankfurt – und stieg mit den Hessen 1996 ebenfalls ab. Nach dem Abstieg 1999 blieb er in Nürnberg, ging mit in die 2. Liga und schaffte 2001 den Wiederaufstieg.

1983 war Köpke bereits mit Holstein Kiel aus der 2. Bundesliga abgestiegen. In jenem Jahr absolvierte der junge Torhüter aber nur fünf Partien. 1986 stieg er dann – als Stammkeeper – mit Hertha BSC aus der 2. Liga ab.

Köpkes Sohn Pascal ist Stürmer und spielt seit 2016 für Erzgebirge Aue. Pascal ist mit 1,75 Metern sieben Zentimeter kleiner als sein Vater.

Von den Club-Fans wurde Andi Köpke, heute Torwarttrainer der Nationalmannschaft, zur Torhüter-Legende des Jahrhunderts gewählt.

Bis 1987 war der Club Rekordmeister mit neun gewonnenen Deutschen Meisterschaften. Dann wurde er vom FC Bayern überholt.

Der 1. FC Nürnberg führte 1951 Rückennummern ein – drei Jahre, nachdem der DFB sie eigentlich verpflichtend vorgeschrieben hatte. In England waren Rückennummern schon seit 1939 Pflicht.

Vor jedem Spiel wird im Frankenstadion dieser Spruch eingeblendet: »Es ist eine Ehre, für diese Stadt, diesen Verein und die Bewohner Nürnbergs zu spielen. Möge all dies immer bewahrt werden und der großartige FC Nürnberg niemals untergehen.« Das Zitat stammt von Heiner Stuhlfauth, der von 1916 bis 1933 das Tor des Clubs hütete.

Stuhlfauth, Markenzeichen grauer Pullover und Schiebermütze, gilt heute als erster mitspielender Torwart der Geschichte. Lange vor der Erfindung des Liberos wurde er von den zeitgenössischen Medien als »dritter Verteidiger« bezeichnet.

Vom 8. Juli 1918 bis zum 5. Februar 1922 verlor der Club mit Stuhlfahrt im Tor kein einziges von 104 Ligaspielen.

Ab den 1930er-Jahren betrieb Stuhlfauth die legendäre Sebaldusklause, in der Fußballer, Schauspieler und Politiker ein- und ausgingen. Die Gaststätte wurde im Krieg zerstört und nie wieder aufgebaut.

Max Morlock absolvierte insgesamt 900 Spiele für den Club, in denen ihm ungefähr 700 Tore gelangen. In der Oberliga, der Vorgängerin der Bundesliga, erzielte der Weltmeister von 1954 zwischen 1945 und 1963 286 Tore in 451 Spielen.

Morlock war von 1940 bis 1964 Spieler beim 1. FC Nürnberg.

Er ist der einzige Clubberer, der während einer WM für das DFB-Team spielte.

Seit 2007 vergibt die Deutsche Akademie für Fußball-Kultur jedes Jahr den Deutschen Fußball-Kulturpreis. Die Trophäe heißt MAX und ist nach Morlock benannt.

Seit 2006 nennen die Nürnberger Ultras und andere Mitglieder der aktiven Fanszene das Club-Stadion »Max-Morlock-Stadion«. Seit 2011 gibt es eine Kampagne zur Umbenennung des

Stadions. Anlässlich des 20. Todestages des Stürmers hat der 1. FC Nürnberg den Trainingsplatz der Profis 2014 in »Max-Morlock-Platz« umbenannt.

Zvezdan Čebinac gelangen in der letzten Nürnberger Meistersaison 1967/68 21 Torvorlagen. Eine Quote, die erst 2009 von Wolfsburgs Zvjedzdan Misimović (22 Vorlagen) geknackt wurde. Passender Spitzname der Club-Fans für Flügelstürmer Čebinac: »Zick-Zack-Čebinac«.

Nach einem blutleeren 1:1 gegen Oberhausen ordnete Trainer Heinz Höher am 27. Oktober 1984 ein Training um sieben Uhr morgens an. Die Spieler erschienen, drehten lustlos ihre Runden und gingen danach ins Café »Dolce Vita«. Dort schrieben die Mitglieder des Spielerrats, darunter Ex-Nationalkeeper Rudi Kargus und der frühere Bayern-Star Udo Horsmann, eine Erklärung, die sie auch an die Nürnberger Zeitungen schickten. Darin prangerten sie Höhers Trainingsmethoden an und kündigten an, nicht mehr zum Training zu erscheinen, solange Höher noch in Amt und Würden sei. Am Nachmittag erschienen tatsächlich nur fünf Spieler zum Training: Dieter Eckstein, Reiner Geyer, Fred Klaus, Frank Nitsche und Rudi Stenzel. Club-Präsident Gerhard Schmelzer las den Brief, sah das Training – und entließ tatsächlich jemanden. Aber nicht den Trainer, sondern die sechs Streikaufrufer Kargus, Horsmann, Horst Weyerich, Stefan Lottermann, Detlef Krella und Manfred Walz.

Zum nächsten Spiel in Aachen trat der Club mit einer mit Jugendspielern aufgefüllten Mannschaft an – das Durchschnittsalter betrug 20,4 Jahre. Die Jungspunde verloren 1:2.

Am Ende der Saison stiegen die jungen Clubberer um Stefan Reuter, Eckstein, Roland Grahammer und Hans Dorfner auf – mit Höher als Trainer.

In der Saison 1987/88 schafften die »Club-Fohlen« als Tabellenfünfte sogar die Qualifikation zum UEFA-Cup.

Marek Mintal wurde dem gerade mal wieder abgestiegenen Club 2003 von dem Autohändler Peter Hammer empfohlen. Der hatte den stürmenden Mittelfeldspieler während einer Dienstreise in Zilna beobachtet. Der Club kaufte ihn für 100.000 Euro vom slowakischen Meister.

Mintal ist europäischer Rekordtorschützenkönig, weil er zwischen 2002 bis 2005 viermal hintereinander in drei verschiedenen Ligen (slowakische erste Liga, deutsche 1. und 2. Bundesliga) Torschützenkönig wurde.

Mintal ist der einzige Nürnberger, der je Torschützenkönig in der Bundesliga war. 2004/05 erzielte er 24 Treffer.

Günther Koch kommentierte 1088 Spiele für die Radiosendung *Heute im Stadion*. 504 Reportagen lieferte Koch über Spiele seines Lieblingsvereins.

Kochs bekannteste Stadionreportage ist wohl jene vom letzten Spieltag der Saison 1998/99, dem dramatischsten Abstiegsfinale aller Zeiten. Der Club war als Tabellenzwölfter in das Spiel gegen Freiburg gegangen, Eintracht Frankfurt als Tabellen-16. in die Partie gegen Kaiserslautern. Hansa

Rostock, ebenfalls abstiegsgefährdet, trat bei den bereits abgestiegenen Bochumern an. Ein absurdes Abstiegsdramolett in Koch-Zitaten:

1:1 in Frankfurt, Nürnberg liegt 0:2 hinten. Rostock hat gerade das 1:2 kassiert, der Ostklub wäre abgestiegen: Koch: »Harmlos, gelähmt, unsicher, nervös, mit wackligen Knien. Der FC Wackelknie, der FC Nürnberg, die Clubberer, ja was ist denn, wo denn, da muss man doch kämpfen, wenn es gegen den Abstieg geht, und der Sportclub, frei, locker, der FC Lockerburg spielt hier, muss sich nicht einmal anstrengen. Es gab einen Schuss der Clubberer – es sei geklagt, es sei gesagt – von Ciric in der 60. Minute, nach tollem Einsatz von Kuka, aber: Richard Golz hat den Ball festgehalten.«

Frankfurt hat zum 2:1 getroffen: Koch: »Radio, Radio, Radio, das schnellste Medium der Welt. Aber sie tun mir leid, die Rostocker, wenn es dabei bleiben sollte, haben wir keinen Verein mehr in der Bundesliga aus dem Osten. Hansa Rostock, im Moment um 17.05 Uhr, in der zweiten Liga. Darüber kann man sich, darüber darf man sich nicht freuen. Denn: Man hat dann nicht unbedingt aus eigener Kraft die Klasse gehalten. Das gilt für Frankfurt und das gilt auch für die Clubberer. Denn man weiß ja genau, wer wo wie gespielt hat und wer wann und wie und wo verloren hat. Das können wir später noch vertiefen. Im Moment in Nürnberg der Spielstand 0:2, gebanntes Hören an den Radios und das Schauen auf die Anzeigetafel. Sogar ausländische Gäste aus England sind hier, um dieses Spektakel hier mitzukriegen. Aber nichts zu sehen von den Clubberern. Wo bleibt eure Ehre, was habt ihr eurem Publikum zu bieten?

Kämpfen, kämpfen heißt es. Sie wackeln mit den Knien und sie haben keine Chance und Freiburg hält das 2:0, schiebt sich den Ball zu. Die Pfiffe sind die korrekte Quittung für das lasche Angehen der Nürnberger, die mich wirklich enttäuschen. Spielstand, jetzt bei der Möglichkeit für Freiburg hier auf 3:0 zu erhöhen, immer noch 0:2 ...«

Frankfurt führt jetzt 3:1, Rostocks Victor Agali hat zum 2:2 in Bochum ausgeglichen. Koch: »Freiburg hat es in der Hand, die Bundesliga zu entscheiden, wenn Freiburg noch einen Treffer macht, denn die Clubberer werden keinen machen, so sieht es aus, dann ist Frankfurt drin und der Club draußen. Nur noch zehn Zentimeter bestenfalls steht der Club vorm Abgrund. Er liegt hinten mit 0:2. Das ist Alibifußball.« Frankfurt trifft zum 4:1, in Kochs Satz fällt ein Tor-Schrei. Koch: »Wer hat geschrien?«

Dirk Schmitt, Reporter in Frankfurt, klärt Koch und die Zuhörer auf. Nur noch Rostock liegt jetzt noch hinter Nürnberg. Koch: »Du hast alles gesagt. Im Moment, es ist 17 Uhr und 11, ist der Club nach 79, nach 84, nach 94 und nach 99 fast abgestiegen. Alles hängt jetzt von Bochum gegen Hansa Rostock ab. Frankfurt ist besser, der Club taumelt, der Club hängt am Abgrund ...« In diesem Moment geht Rostock mit 3:2 in Führung. Nürnberg wäre abgestiegen. Rostock drin.

Nürnberg schießt das 1:2. In diesem Moment wäre der Club wieder in der Bundesliga, Frankfurt abgestiegen. Koch: »Tooor. Tooor. Tooor. Tor in Nürnberg. Ich pack' das nicht. Ich halt' das nicht mehr aus. Ich will das nicht mehr sehen. Aber sie haben ein Tor gemacht. Ich glaube es nicht. Aber der Ball ist drin. Ich weiß nicht wie. Kopfball von Nikl. Die Leute haben es gehört, dass Frankfurt vorne liegt, dass Rostock vorne liegt, jetzt liegt der Ball im Netz. Nur noch 1:2. Ich halt' das nicht mehr aus. Nein, es tut mir leid. 1:2, Nikl per Kopf, Flanke von Kuka. Treffer für die Clubberer. Es ist nicht zu fassen.«

Jan-Aage Fjortoft trifft zum 5:1 für Frankfurt, Frank Baumann vergibt eine Großchance im Strafraum. Nürnberg verliert, der Club wäre abgestiegen. Koch: »Hallo, hier ist Nürnberg, wir melden uns vom Abgrund. Nürnberg 1:2. So wie Bayern wegen des linken Torpfostens im Nou Camp in Barcelona verloren hat, steigt der Club ab, wenn er absteigt, wegen des linken Torpfostens vor der Nordkurve. Nikl drosch den Ball an den Pfosten. Er war nicht zu erreichen. Torhüter Golz flog durch die Luft. Der Ball klatscht vom Pfosten zurück und ging nicht ins Tor, sondern vor die Füße von Frank Baumann. Frank Baumann bringt dann aus sechs Metern den Ball nicht im Tor unter und so steht es nach wie vor nur 1:2. Der Club, der schon abgestiegen war, zwischen 17 Uhr 8 und 17 Uhr 10, ist im Moment abgestiegen. Denn das Spiel hier ist aus. Ade, liebe Freunde. Es ist nicht zu fassen, was der Club seinen Fans, was er seinen Anhängern und was er seinem treuen Publikum zumutet. Die noch gar nicht mal ahnen, was in Frankfurt, bei der Mannschaft von Otto Rehhagel, die mit einem sensationellen Ergebnis am letzten Spieltag aufwartet, alles bietet. Der Club verliert mit 1:2 und er hat wenig Haltung bewiesen. Erst in der Schlussminute, in den Schlussminuten, hat er gekämpft. Liebe Clubberer, es tut mir leid. Das musste nicht sein. Das musste nicht sein.«

Vor dem desaströsen Spiel gegen Freiburg hatte der Club bereits Briefe an wichtige Mitglieder und Sponsoren verschickt und diese zur Klassenerhaltsparty eingeladen. Die Dauerkarteninhaber wurden zudem aufgefordert, Tickets für die kommende Saison zu ordern, der Klassenerhalt sei ja gesichert. Es kam, wie es kommen musste bei einem Verein, der auch von seinen Fans spöttisch mit »der Club is a Depp« beschrieben wird. Der Club stieg ab – und Günther Koch meldete sich vom Abgrund.

Die Eintracht hielt die Klasse, weil sie während der ganzen Saison vier Tore mehr geschossen hatte als Nürnberg.

Stürmer und Club-Kapitän Martin Driller war von 1995 bis 1997 mit Box-Weltmeisterin Regina Halmich liiert.

Felix Magath, in der Vorsaison noch souverän aufgestiegen, trat wenige Tage vor dem Start in die Saison 1998/99 zurück. Präsident Michael A. Roth hatte dem Coach nicht genügend Geld für Spielerzukäufe bewilligen wollen.

Nach dem zwölften Spieltag der Saison 2005/06 stand der Club mit nur sechs Punkten im Tabellenkeller und trennte sich von Aufstiegstrainer Wolfgang Wolf. Manager Martin Bader verhandelte daraufhin mit Peter Neururer – der entgegen sonstigen Gewohnheiten prompt absagte. Der Mannschaft sei nicht mehr zu helfen, so seine Begründung.

Statt Neururer aktivierte Bader daraufhin Hans Meyer aus dem Ruhestand. Der führte die Mannschaft bis zum Saisonende auf Rang acht – die beste Platzierung seit 1991.

2007 beendete der Club die Saison unter Meyer sogar auf Platz sechs – und gewann den DFB-Pokal.

Hans Meyer verliebte sich während seiner Zeit beim Club in die Nürnberger Dramaturgin Maren Zimmermann. Auch nach seiner Entlassung beim Club im Jahr 2008 hat der Ex-Trainer, heute Präsidiumsmitglied bei Borussia Mönchengladbach, seinen Wohnsitz in Nürnberg behalten. Das Paar wohnte lange gemeinsam in einer Wohnung unterhalb der Kaiserburg.

Der Club ist der einzige Verein in der Bundesliga, der als amtierender Meister abgestiegen ist. 1969 gelang den »Clubberern« das eigentlich Undenkbare.

Der Club ist der einzige Verein, der als amtierender Pokalsieger abgestiegen ist. 2007 unter Hans Meyer Pokalsieger, stieg Nürnberg 2008 ab.

Am 21. Februar 2008 stand der Club bis zur 89. Minute des Spiels gegen Benfica Lissabon im Achtelfinale der Europa League. Im Rückspiel führten die Clubberer mit 2:0. Dann fälschte Verteidiger Glauber mit dem Rücken einen Ball von Cardoso unhaltbar ab. In der Nachspielzeit traf auch noch Angel di Maria. Benfica kam weiter, der Club war, wieder mal, der Depp.

Während des Rückflugs vom fast zweiwöchigen Trainingslager in Antalya musste jeder Spieler einen Ball zwischen die Beine nehmen. Flughafenmitarbeiter hatten die Ballnetze zerschnitten.

Rache, weil der Club abgereist war, ohne die Hotelrechnung zu begleichen? Die Club-Bosse hatten mit dem Reiseveranstalter bei der Buchung einen Rabatt von 30 Prozent ausgemacht, diese Vereinbarung war aber offenbar nie bis zu den Hotelmitarbeitern vorgedrungen.

Michael Oenning, 2008 bis Dezember 2009 Trainer des 1. FC Nürnberg, arbeitete während der WM 2006 als Assistent von Kommentatorenlegende Marcel Reif für *Premiere*.

Am Abend des 10. Januar 2005 beschloss Darius Kampa spontan, seinen früheren Kollegen vom Club einen Besuch in ihrem Trainingslager-Hotel abzustatten. Problem nur: Kampa, mittlerweile bei Borussia Mönchengladbach und wenige Wochen vorher zum zweiten Torwart degradiert, war ein wenig frustriert, hatte zum Essen schon etwas Wein getrunken und seinen Frust während des Mannschaftsabends mit den Gladbachern zusätzlich mit ein paar Bieren runtergespült. Im Hotel der Clubberer müssen noch ein paar dazugekommen sein. Jedenfalls torkelte Kampa, sonst ein tadelloser Musterprofi, durch die Lobby – und kotzte irgendwann auf den Marmorboden. Zuvor hatte er schon Peter Neururer, damals mit dem VfL Bochum im selben Hotel wie der Club untergebracht, umgarnt. »Einen besoffenen Torwart brauchst du auch nicht, oder?« Neururer verneinte – und genehmigte sich auf den Schock erst mal einen Cognac.

Drei Jahre zuvor, während des Wintertrainingslager 2002, schnappte sich Stürmer Louis Gomis einen elektrischen Golfwagen. Das Ding entwickelte ein gewisses Eigenleben und raste kreuz und quer über die Trainingsanlage. Die Spritztour endete schließlich in einer Hecke. Gomis blieb unverletzt.

Kuriose Verletzungen

Charles Akonnor rammte sich 2001 eine Autoantenne in die Nase. Da die nicht aufhörte zu bluten, nahm der Wolfsburger Stürmer ein blutstillendes Mittel, das leider auf der Dopingliste stand. Akonnor musste drei Spiele zuschauen.

Kevin Keegan blieb mit seinem großen Zeh im Abfluss seiner Badewanne stecken und musste wochenlang pausieren.

In der ersten Winterpause 1986/87 ging die komplette Bremer Mannschaft Ski fahren. Alle kamen heil zurück – bis auf den einzigen, der sich gar keine Skier angeschnallt hatte. Rudi Völler verletzte sich beim Rodeln.

Der Lauterer Adam Nemec stürzte in seinem Garten von einem Baum, zog sich eine Gehirnerschütterung zu, brach sich zwei Brustwirbel und das Schlüsselbein.

Gladbachs Torwart Logan Bailly fiel wochenlang mit einem Fußbruch aus – ihm war eine mobile Klimaanlage auf den Fuß gefallen.

Stefan Kuntz erlitt beim Aussteigen aus dem Bus einen dreifachen Bänderriss.

Nach seinem eher erfolglosen Abenteuer bei Hansa Rostock wechselte Jari Litmanen zu Malmö FF in Schweden. Bei einer Feier bekam er einen Flaschenkorken ins Auge geschossen. Übeltäter war der Sportchef. Litmanen fiel wochenlang mit einer Verletzung an der Netzhaut aus. Wäre er doch nur in Rostock geblieben.

Elkin Soto zog sich beim Schuhebinden einen Hexenschuss zu.

Jahre später hatte der Kolumbianer in Diensten von Mainz 05 noch viel größeres, ja, unfassbares Pech. Im Spiel gegen den HSV in der Schlussphase der Saison 2014/15 zerstörte der Verteidiger sich im Zweikampf mit Rafael van der Vaart das Knie komplett. Beim Versuch, dem Hamburger den Ball abzuluchsen, krachte Sotos Oberschenkel gegen van der Vaarts Bein. Sein Knie überdehnte völlig, knickte sogar nach oben ab. Die Folge: Risse des vorderen Kreuzbands und Innenbands, dazu ein Meniskusschaden und ein vollständig ausgerenktes Kniegelenk.

Während eines Trainingslagers in Israel 1975 stieß ein Kamel Jugendnationalspieler Franz Michelberger gegen die Treppen des Mannschaftsbusses. Der damals 18-Jährige zog sich eine Knieprellung zu. Er machte später insgesamt nur vier Spiele für den FC Bayern, ehe er 1976 zum BSV Schwenningen in die 2. Liga wechselte.

Bremens Marko Arnautovic riss sich im März 2012 beim Spielen mit seinem Hund das Innenband im rechten Knie.

Frankfurts Markus Pröll war auf der Flucht vor Fans, als er über ein kleines Mädchen stolperte. Sie kam mit dem Schrecken davon, der Torwart sprengte sich das Schultereckgelenk.

Jérôme Boateng litt 2010 nach einem Länderspiel ohnehin an einer schmerzhaften Entzündung an der Kniesehne. Beim Rückflug aus Dänemark rammte ihm eine Stewardess auch noch den Servierwagen ins malade Knie. Ein Monat Pause.

Duisburgs Torwart Sven Beuckert musste 2009 seine Karriere wegen eines Reitunfalls beenden. Sein Pferd ging durch und riss dabei Beuckerts in der Schlinge steckenden rechten Daumen ab. Der Daumen konnte in einer dreieinhalbstündigen OP wieder angenäht werden, doch die Profikarriere war vorbei. Beuckert wurde zunächst Marketingleiter beim Frauen-Bundesligisten FCR Duisburg, seit 2011 ist er Torwarttrainer beim MSV.

Ailton rutschte in der Badewanne aus und zerschnitt sich an einem Glas Sehnen und Muskeln der rechten Hand.

Ewald Lienen brach sich 2015 beim Versuch, einen ins Seitenaus rollenden Ball zu stoppen, den Unterarm. Er war auf einem feuchten Stück Kunstrasen ausgerutscht und mit seinem vollen Gewicht auf den Arm gefallen. Mitten im Abstiegskampf der 2. Liga musste der St.-Pauli-Trainer deswegen sogar operiert werden.

Lienen war auch Leidtragender der wohl spektakulärsten Verletzung der Bundesliga-Geschichte. 1981 schlitzte Bremens Norbert Siegmann Lienen mit seinen Aluminiumstollen den rechten Oberschenkel bis zum Muskel auf. Der 25 Zentimeter lange Riss musste mit 23 Stichen genäht werden. Das Bild von

Lienens aufgeschlitztem Schenkel mit Blick auf die weiße Muskelhülle gehört zum kollektiven – und eher ekelerregenden – Gedächtnis der Bundesliga-Fans.

Frankfurts Torhüter Kevin Trapp brach sich während eines Werbedrehs für den DFB den Mittelhandknochen.

Paulo Guerrero war spät dran, als er von München zu einem Länderspiel in Peru reisen wollte. Beim Sprint zum Flieger rissen die Muskelfasern. Den Trip hätte er sich sparen können.

1976 spielte Georg Damjanoff für Hannover 96. Als ihm zu Hause ein Teekessel auf den Fuß fiel, musste er eine Partie aussetzen. Dafür gab es Mitleid von allen Seiten, sogar von seinem Trainer Helmut Kronsbein: »Zum ersten Mal trinkt er kein Bier, schon verletzt er sich.«

Christian Lell fiel 2009 wegen einer Nagelbettentzündung aus. Zugezogen hatte sich der damalige Münchner die Entzündung bei der Pediküre.

Mike Hanke rutschte in der Mannschaftsdusche aus und zog sich eine Platzwunde am Spann zu. Fünf Stiche und ein paar Tage Pause für den damaligen Hannover-Stürmer.

Nürnbergs Stürmer Pavel Kuka ließ eine Wasserflasche fallen und schnitt sich an den Scherben die Fußsohle auf. Oliver Reck fiel im Bad einmal eine Seifenschale auf den Fuß: Platzwunde – und ein Grund mehr, ihn »Pannen-Oli« zu nennen.

Michael Schulz, in den 1990er-Jahren ebenso langmähniger wie kompromissloser Verteidiger für Lautern, Dortmund und Bremen, zog sich mal einen Hexenschuss zu, als er eine Mülltonne verrücken wollte.

Bayerns Verteidiger Javier Martínez verpasste die letzten Spiele der Saison 2016/2017, weil er sich während eines Heimatbesuchs beim Wandern im Baskenland das Schlüsselbein brach.

VfB Stuttgart

Der berühmteste Fritz Walter der Republik mag in Kaiserslautern gewirkt haben, doch beim VfB Stuttgart waren
sogar zwei Fritz Walter tätig. Von 1944 bis 1968 war Dr. Fritz
Walter Präsident des Klubs, ein Lehrer am Gottlieb-Daim-
ler-Gymnasium. 1987 verpflichtete der VfB zudem aus Mannheim einen jungen Stürmer gleichen Namens, der in 216
Spielen 102 Tore für den VfB erzielte und 1992 Meister (und
mit 22 Treffern auch Torschützenkönig) wurde.

Als die jedes Jahr vom *Kicker* vergebene Torschützenkanone
1992 nicht sofort auf den Rasen gebracht wurde, fragte Fritz
Walter: »Wo isch mei Kanon?«

Fritz Walter, der Stürmer, wuchs in Mannheim auf. Sein Nach-
bar war der frühere Bundestrainer Sepp Herberger.

VfB-Maskottchen »Fritzle« ist nach Fritz Walter benannt.
Fritz Walter, dem Stürmer. Bereits seit 1992 ist das Krokodil
mit der Rückennummer 92 in Amt und Würden.

Bei »Fritzles« erstem Spiel, einem 3:0 gegen den 1. FC Nürnberg, erzielte Namenspate Fritz Walter einen Doppelpack.

Gilbert Gress, begnadeter Techniker, bekennender Beatle und
von 1966 bis 1971 der erste Franzose beim VfB, musste mon-
tags nie arbeiten. Eine entsprechende Klausel hatte sich der

Spielmacher in seinen Vertrag schreiben lassen, um regelmäßig seine Eltern in Straßburg besuchen zu können.

Während der Champions League 1992 setzte Trainer Christoph Daum im Rückspiel bei Leeds United vier Ausländer ein. Kurz vor Schluss hatte er aus Versehen den serbischen Amateur Jovo Simanić für Maurizio Gaudino eingewechselt. Der Verteidiger sollte seinem schwächelnden Team ein wenig Stabilität verleihen. Stuttgart verlor 1:4, qualifizierte sich aber dank des 3:0 im Hinspiel für die nächste Runde. Die Schwaben hofften, die Angelegenheit würde der UEFA nicht auffallen, Präsident Gerhard Mayer-Vorfelder bat die mitgereisten Reporter sogar, nichts darüber zu schreiben, ehe die 24-stündige Einspruchsfrist verstreichen würde. Doch die Chose flog auf, die UEFA ermittelte bereits. *Bild* machte aus Meistertrainer Daum »Christoph Dumm«. Der VfB verlor das Spiel am Grünen Tisch mit 0:3. Was Mayer-Vorfelder zu hart fand: Schließlich habe »keine Absicht« vorgelegen. Das Entscheidungsspiel in Barcelona verlor Stuttgart mit 1:2 und verpasste somit die neu eingeführte Gruppenphase.

Am selben Abend, an dem Daum Jovo Simanić fälschlicherweise einwechselte, starb der Bruder des Verteidigers Zelijko 32-jährig an Krebs.

Der VfB spielt bereits seit 1925 in weißen Trikots mit rotem Brustring. Die Idee dazu soll damals von einigen Jugendspielern gekommen sein.

Der Stuttgarter FV 93, der Vorgängerklub des VfB, war ein Rugbyverein. Fußball gespielt wurde beim FV erst ab 1908. 1912 fusionierte der klamme FV schließlich mit dem Kronenklub Cannstatt zum VfB Stuttgart.

Hans Weitpert, von 1969 bis 1975 VfB-Präsident, war Honorarkonsul von Togo. Die Fans nannten ihn nur »lila Hans«. Der Mann soll beim Haarefärben nie ein richtig sattes Schwarz zustande bekommen haben.

Liberos nannte Weitpert entweder »Librio« oder auch mal »Libido «. So stellte er jedenfalls Hans-Jürgen Wittfoth vor.

Als der VfB 1975 zum ersten Mal abzusteigen drohte, setzte Gerhard Mayer-Vorfelder als Vorsitzender des Verwaltungsrates eine außerordentliche Mitgliederversammlung durch, um Weitpert zu stürzen. Am Ende der Versammlung, die als »Nacht der langen Messer« in die Geschichte eingegangen ist, ließ er sich selbst zum Präsidenten wählen. Der VfB stieg dennoch ab.

In der Aufstiegssaison 1976/77 war das Geld so knapp, dass Trainer Jürgen Sundermann bei Auswärtsspielen oft selbst die Lunchpakete für die Spieler zubereitete und Brote schmierte.

Sundermanns Frau Monika war Assistentin von Showmaster Hans Rosenthal bei *Dalli Dalli*.

Sundermann besucht mittlerweile alle Pressekonferenzen nach den Heimspielen des VfB. Nach der aktuellen Fragerunde unterhält er sich immer kurz noch mit dem gerade aktuellen Trainer.

Karl Allgöwer ist sowohl Rekordspieler (338 Bundesliga-Einsätze) als auch Rekordtorjäger (129 Tore) des VfB.

Günther Schäfer kassierte in seinen 16 Jahren beim VfB (1980 bis 1996) 76 Gelbe Karten – Rekord!

Stürmer Ottmar Hitzfeld erzielte im bislang letzten Zweitligaspiel des VfB sechs Tore. Der VfB gewann gegen Regensburg mit 8:0. In 55 Zweitligaspielen für den VfB traf Hitzfeld 33-mal. Ein Jahr nach dem Bundesliga-Aufstieg ging er in die Schweiz zum FC Lugano.

Mit damals 27 Jahren gehörte Hitzfeld bei Stuttgarts Wiederaufstieg schon zu den älteren Spielern. Die junge Mannschaft vom später »Wundermann« genannten Trainer Jürgen Sundermann ging als »Rasselbande« in die Klubhistorie ein.

Bernd Förster und sein zwei Jahre jüngerer Bruder Karlheinz spielten von 1978 bis 1986 gemeinsam beim VfB und in der Nationalmannschaft.

In einem UEFA-Pokal-Spiel gegen Köln legten die Förster-Brüder den schwedischen Schiedsrichter Ericsson rein: Bernd holte sich eine Gelbe Karte ab, die für Karlheinz bestimmt war. Dadurch entging der Jüngere einer Sperre fürs kommende Spiel. Weil die beiden die Verwechslung später ausplauderten, kassierten sie von der UEFA rückwirkend eine Strafe.

Jürgen Klinsmann ist gelernter Bäcker. Seine Lehre absolvierte er praktischerweise in der familieneigenen Bäckerei, die Vater Siegfried 1978 in Stuttgart-Botnang eröffnet hatte. »Bei mir kriegst du immer trainingsfrei«, soll er dem Sohn gesagt haben, als er ihn einstellte. Die Familie stammt ursprünglich aus Geislingen, zog aber rechtzeitig nach Stuttgart. Praktisch für Jürgen, der damals als großes Talent galt und ab 1978 bei den Stuttgarter Kickers spielte.

Michael Nushöhr verwandelte in der Saison 1985/86 drei Elfmeter in einem Spiel – Bundesliga-Rekord. Im Januar 1986 gewann der VfB auch dank Nushöhrs Treffern mit 7:0 gegen Hannover, was gleichzeitig der höchste Heimsieg Stuttgarts ist.

Auch der höchste Auswärtssieg der Bundesliga-Geschichte gelang dem VfB in der Saison 1985/86. In Düsseldorf setzten sich die Stuttgarter am 27. Spieltag ebenfalls mit 7:0 durch.

7:0 gewann der VfB im eigenen Stadion aber insgesamt sogar viermal.

Zur Saison 1987/88 verpflichtete der VfB den niederländischen Trainer Arie Haan und den damals 20-jährigen Mittelfeldspieler Maurizio Gaudino, der in Mannheim bereits in der Bundesliga debütiert hatte. Während Haan häufig mit dem Fahrrad zum Training kam, parkte der Jungprofi gern seinen Ferrari vor dem Klubhaus. »Lange Haare, Goldkettchen, Ferrari: Ich wurde als Zuhälter abgestempelt«, erinnerte sich Gaudino bei *Spiegel Online*. Er hätte bereits einen Vertrag mit Verona im Safe gehabt. Gaudino blieb aber beim VfB, wurde 1992 Meister. Trainer war da aber nicht mehr Haan, sondern Christoph Daum.

Die Goldkette trägt Gaudino bis heute, lange Haare und Ferrari hat er längst abgestoßen.

Gaudinos Sohn Gianluca spielte bereits als Siebenjähriger beim FC Bayern München. 2004 meldete Papa Gaudino den Filius beim Rekordmeister an. Im Januar 2016 wechselte Gaudino junior in die Schweiz nach St. Gallen.

Gaudino senior ist heute auch der Berater des Juniors.

In der Saison 1991/92 stand der VfB nur dreimal auf Platz eins. Am zehnten Spieltag, am 32. und am 38. und letzten. Meister wurde der VfB in dieser Spielzeit nur wegen des besseren Torverhältnisses (+30) vor den punktgleichen Dortmundern (+19).

Spitznamen, mit denen Gerhard Mayer-Vorfelder während seiner Zeit als Präsident des VfB Stuttgart (1975 bis 2000) bedacht wurde: »Schlitzmayer-Ohrfelder«, »Mayer-Vorlaut«, »Mayer-Vorderlader«, »Schlaumayer-Vorfelder«, »Mayer-Übersteiger« – und natürlich »MV«.

CDU-Mitglied Mayer-Vorfelder war, quasi im Nebenberuf, von 1980 bis 1991 Kultusminister und von 1991 bis 1998 Finanzminister von Baden-Württemberg. Von 2001 bis 2006 war er Präsident des DFB, ab 2004 in einer Doppelspitze mit Theo Zwanziger.

Segen eines Doppelnamens – wenn die Fans in den Stadien mal wieder »Vorfelder raus!« skandierten, pflegte MV stets zu sagen: »Dann kann der Mayer ja bleiben.«

Auch weil er 2004 quasi im Alleingang Jürgen Klinsmann als Bundestrainer verpflichtete, wurde Mayer-Vorfelder 2004 vom DFB entmachtet. In Theo Zwanziger wurde ihm ein Kopräsident vorgesetzt.

Eike Immel, Slobodan Dubajić, Michael Frontzeck, Maurizio Gaudino und Fritz Walter machten in der längsten Bundesliga-Saison 1991/92 alle 38 Spiele. Die Bundesliga war in jenem Jahr wegen der deutschen Einheit für ein Jahr von 18 auf 20 Klubs aufgestockt worden.

Als Giovane Elber 1997 im Spiel gegen 1860 München in der ersten Halbzeit eine Gelbe Karte wegen Meckerns kassierte, klebte er sich in der Kabine ein rotes Pflaster über den Mund und schritt so aufs Spielfeld. Ehe der Schiedsrichter ihn vom Platz stellen konnte, riss er sich das Ding ab.

Thorsten Legat wurde 1999 fristlos entlassen, weil er auf ein Poster, auf dem sich Pablo Thiam Wasser aufs Gesicht spritzte, mit einem grünen Filzstift das Wort »Negersaft« gekritzelt hatte. Um den Übeltäter herauszufinden, engagierte der VfB einen Schriftexperten. Jeder Spieler musste das Wort mit einem Filzstift aufschreiben. Bei Legat stimmten die meisten Buchstaben überein – drei.

Trainer Ralf Rangnick ließ einmal in der Halbzeitpause einen Feuerwerkskörper in der Kabine explodieren. Des Trainers simple Begründung: »Ich wollte die Spieler aufwecken.«

Timo Hildebrand, Andreas Hinkel, Timo Wenzel, Christian Tiffert, Aljaksandr Hleb, Ioannis Amanatidis, Kevin Kuranyi und später der vom FC Bayern ausgeliehene Philipp Lahm waren Anfang der Nullerjahre die »Jungen Wilden« beim VfB. Keiner der acht Spieler war damals älter als 24. 2003 enterten sie unter Trainer Felix Magath die Champions League. Den Namen für die Boyband hatten sich keine Journalisten, sondern die Marketingabteilung des VfB ausgedacht.

Timo Hildebrand blieb in den Spielzeiten 2002/03 und 2003/04 übergreifend insgesamt 885 Minuten ohne Gegentor: Rekord bis heute.

Robert Schlienz wurde 1950 und 1952 Deutscher Meister – obwohl er bei einem Autounfall einen Unterarm verloren hatte. Auch drei Länderspiele absolvierte der Außenläufer noch mit diesem Handicap.

Nach dem Ende seiner Karriere brachte der beinharte Verteidiger Günther Schäfer, 1984 und 1992 Deutscher Meister mit dem VfB, ein eigenes Bier auf dem Markt, benannt nach seinem Spitznamen »Günnes«. Der Werbeslogan war auch recht einleuchtend: »Ein Bier wie Günnes. Stark im Zweikampf, stark im Geschmack.«

»Komm raus, in zwei Minuten sind wir Meister!«, sagte Mannschaftsarzt Thomas Frölich am 16. Mai 1992 zu Matthias Sammer, der beim Spiel gegen Leverkusen in der 79. Minute beim Stand von 1:1 ausgewechselt worden war und sich wegen seiner Nervosität in der Kabine verschanzt hatte. Stuttgart gewann dank eines Kopfballtreffers von Guido Buchwald mit 2:1, die Meisterschaft war perfekt.

Regisseur Krassimir Balakov und die Stürmer Giovane Elber und Fredi Bobic wirbelten von 1995 bis 1997 so eindrucksvoll durch die Strafräume, dass sie als »Magisches Dreieck« in die Geschichte eingingen. Den dreien gelangen zusammen 89 Tore und der Gewinn des DFB-Pokals 1997 unter Trainer Joachim Löw.

Von März 2009 bis Januar 2010 waren Bobic und Balakov gemeinsam beim bulgarischen Verein Tschernomoretz Burgas tätig: Bobic als Sport-Geschäftsführer, Balakov als Trainer. Gemeinsam sollten sie Burgas bis 2014 an die Spitze führen. Im Januar 2010 kündigte Balakov aber, weil die Klubspitze die erwünschten Geldmittel zur Verstärkung des Kaders nicht zur Verfügung stellen konnte. Burgas stand auf Rang drei. Bobic ging ein halbes Jahr später – er wurde Sportdirektor beim VfB.

1997 nahmen Bobic, Gerhard Poschner und Marco Haber unter dem Bandnamen »Das tragische Dreieck« eine CD auf. Die Scheibe mit dem Titel »Steh auf« verkaufte sich leidlich. In Erinnerung bleibt vor allem der Refrain »Eo Amama Eo« und die Tatsache, dass keiner der drei auch nur ein bisschen rappen konnte.

Obwohl der Bandname von einer gewissen Selbstironie zeugt, gab Poschner Jahre später zu: »Ich wollte sein wie Hartmut Engler von Pur.« Von dieser schwäbischen Erfolgscombo war der seichte Rap-Track produziert worden. Poschner einmal zu *11Freunde*: »Es war ja noch die glorreiche Zeit der Band Pur. Die kommen aus dem gleichen Ort wie ich. Nach einem Konzert sagte mir Sänger Hartmut Engler nach zwei Bacardi-Cola: ›Weißt du, was ich am liebsten machen würde: Fußball spielen, wie du.‹ Ich: ›Du Trottel, und ich würde am liebsten auf der Bühne stehen und so singen können wie du!‹ Sein Produzent stand daneben. Ich versprach ihm, dass ich ein Tape aufnehmen würde. Er versprach mir, dass er es produzieren würde. Fredi und Marco standen dabei, die musste ich gar nicht groß überzeugen.«

Pur-Bandleader Hartmut Engler suchte auch später noch erfolgreich die Nähe zu Bundesliga-Stars. In den letzten Jahren freundete er sich mit Toni Kroos an.

Wer sich, wie Michael Spies es tat, als Fünfjähriger einem Bundesligaverein anschließt, von dem würde man nicht vermuten, dass er später zum größten Wandervogel der Bundesliga-Geschichte mutieren würde. Spies ist dennoch der Einzige, der für sieben verschiedene Vereine in der Bundesliga auf dem Platz stand. Nach seinem Debüt für den VfB 1985 wechselte er 1986 in die 2. Liga nach Ulm. Dann spielte der Regisseur in der Bundesliga für den KSC (1987 bis 1989), Mönchengladbach (1989 bis 1991), Hansa Rostock (1991/92), den HSV (1992 bis 1994) und Dynamo Dresden (1994/95), ehe er zum zweitklassigen VfL Wolfsburg wechselte, mit dem ihm 1997 der Aufstieg in die Bundesliga gelang. Nach einer weiteren Saison in der Eliteklasse ging er nach Unterhaching – und stieg mit dem Münchner Vorstadtklub 1999 ebenfalls auf. Doch ein weiteres Jahr in der Bundesliga traute sich Spies, mittlerweile 34, nicht mehr zu. Seine letzten zwei Profijahre verbrachte er in Lübeck in der Regionalliga Nord.

1999 verkündete der VfB stolz den Transfer des brasilianischen Stürmers Didi. Umgerechnet 2,2 Millionen Euro zahlten sie für den 23-Jährigen, der endlich die Lücke im Sturm ausfüllen sollte, die Giovane Elber 1997 mit seinem Wechsel nach München hinterlassen hatte. Dummerweise fiel den Stuttgartern erst nach vollzogenem Transfer und nach einigen Wochen auf, dass Didi sowohl vorderes Kreuzband wie auch Innenmeniskus im linken Knie fehlten. Nach einer Verletzung war ihm beides bei einer OP in Brasilien entfernt worden, was den Stuttgarter Ärzten bei der obligatorischen sportärztlichen Voruntersuchung irgendwie entgangen sein muss. Nach mehreren Operationen und zwei Einsätzen in einem Jahr schob der VfB den dann schon nicht mehr halbinvaliden Didi nach St. Gallen ab. Fortan brachte er es noch in Aarau, Südkorea, Brasilien und Mexiko zu Profi-Ehren, erst 2007 beendete Didi 31-jährig seine Karriere.

Bevor Aljaksandr Hleb 2000 beim VfB Stuttgart anheuerte, hatte ihn Werner Lorant beim TSV 1860 mit den Worten »Was soll ich mit diesem Hering?« nach dem Probetraining wieder heim nach Weißrussland geschickt. Stuttgart dagegen griff gern zu und überwies 150.000 Euro nach Borissow, um den genialen Spielmacher zu bekommen. Im Sommer

2005 wechselte Hleb für 15 Millionen Euro Ablöse zum FC Arsenal nach London.

1994 schickte der VfB den damaligen Jugendtrainer Ralf Rangnick nach Brasilien, um ein 17-jähriges Talent namens Ronaldo zu beobachten. Rangnick war begeistert, auch dem Spieler gefiel die Vorstellung, in die Bundesliga zu wechseln. Doch die VfB-Bosse lehnten den Wechsel ab. Die aufgerufenen umgerechnet vier Millionen Euro Ablöse waren ihnen zu viel. Ronaldo ging schließlich für ebenjene Summe nach Eindhoven, erzielte dort 54 Tore in 57 Pflichtspielen – und wechselte zwei Jahre später für 15 Millionen Euro zu Inter Mailand.

Jens Lehmann wohnte am Starnberger See, als er von 2008 bis 2010 beim VfB spielte. Wegen der dauerverstopften A8 flog der einstige Nationalkeeper hin und wieder mit dem Hubschrauber zum Training nach Bad Cannstatt.

Ins Trainingslager nach Leogang reiste Lehmann dagegen im Privatwagen an. Die restliche Mannschaft fuhr mit dem Bus.

Im Champions-League-Spiel gegen den rumänischen Klub Unirea Urziceni erleichterte sich Lehmann während einer Spielunterbrechung schnell hinter einer Werbebande neben einem Fotografenkoffer.

Cacau kam einst als Mitglied einer Sambagruppe nach Deutschland. In München entdeckte er dann seine Liebe zum Fußball wieder und schloss sich dem damaligen Bayernligisten

Türk Gücu an. Über den 1. FC Nürnberg landete der Stürmer beim VfB und in der deutschen Nationalmannschaft.

Den Einbürgerungstest hat Cacau ohne Fehler bestanden. Weil er dabei auch eine Frage zu Helmut Kohl beantworten musste, wurde er seitdem von seinen Mannschaftskollegen »Helmut« genannt.

Seit der Meisterschaft 1984 beschäftigte der VfB 29 Trainer. Willi Entenmann (5. März bis 30. Juni 1986 und 27. März bis 19. November 1990), Armin Veh (10. Februar 2006 bis 23. November 2008 und 1. Juli bis 24. November 2014) und Huub Stevens (10. März bis 30. Juni 2014 und seit 25. November 2014) sogar zweimal.

Huub Stevens' Vater war Grubenarbeiter.

Stevens' Sohn Maikel ist gleichzeitig der Berater des Vaters. Er arbeitet als Spielervermittler.

Robin Dutts Vater stammt aus Indien, seine Frau betreibt im heimischen Leonberg einen Friseursalon mit zwölf Mitarbeitern.

Als Armin Veh in der Nacht zum 24. November 2014 nach einer unglücklichen Niederlage gegen Augsburg seinen Rücktritt erklärte, rief Präsident Bernd Wahler Huub Stevens an und bot dem Niederländer den Job an, den er bereits in der Endphase der Vorsaison gehabt hatte. Stevens sagte sofort zu und fuhr nach Stuttgart. Bevor er sich ins Auto setzte, musste er aber noch ein wichtiges Telefonat führen: Er sagte seinen Friseurtermin ab.

Albert Sing schmiss seinen österreichischen Stürmer Johann »Buffy« Ettmayer mit den Worten »Buffy, du spielst nicht, du bist zu dick« aus der Startelf. Ettmayer (84 Kilo Kampfgewicht bei 1,72 Metern) konterte: »Trainer, ich war schon immer so.«

Drei der 16 Mannschaften, die im Achtelfinale der WM 2014 standen, wurden von Trainern mit VfB-Vergangenheit betreut: Deutschland von Joachim Löw, 1980/81 Spieler und 1996 bis 1998 Trainer, die USA von Jürgen Klinsmann (1984 bis 1989 Spieler) und die Schweiz von Ottmar Hitzfeld (1975 bis 1978 Spieler). Ein aktueller VfB-Spieler war bei der WM in Brasilien übrigens nicht dabei.

Sven Ulreich reckt beim Einlaufen immer seine Faust in den Himmel. Der Torwart gedenkt so seines im Jahr 2000 verstorbenen Vaters. Ulreich war damals zwölf Jahre alt.

Von den Pissoirs in der Mercedes-Benz Arena hat man freie Sicht auf das Spielfeld. Das »Gschäftle mit Durchblick« hatten sich die Fans vor dem letzten Umbau des Stadions 2011 gewünscht.

Insgesamt gibt es im Stadion 307 Urinale. Dazu kommen 397 Toiletten.

Christian Gentner ist seit 2013 Kapitän des VfB, sein älterer Bruder Michael ist Trainer der VfB-Jugend, der jüngste Bruder Thomas spielte bis zur A-Jugend beim VfB, ehe er zu den Stuttgarter Kickers und später nach Koblenz wechselte.

Timo Werner war gerade 18, als er bei der 2:3-Niederlage gegen Dortmund im Februar 2015 sein 50. Spiel in der Bundesliga machte. Damit ist er der jüngste Spieler, der diese Marke erreicht hat.

Vor dem Abflug zur nordischen Ski-WM in Falun im Februar 2015 ging Skisprung-Olympiasiegerin Carina Vogt ihrem im Abstiegskampf taumelnden Lieblingsklub fremd. Sie posierte mit Bayern-Maskottchen »Bernie«. »›Fritzle‹ taugt in letzter Zeit nicht so als Glücksbringer«, sagte sie.

Der VfB Stuttgart gewann nach dem bitteren Gang in die Zweitklassigkeit in der Saison 2016/2017 11.000 neue Mitglieder dazu.

Ralf Rangnicks Vater war in Backnang einst Trainer des heutigen VfB-Präsidenten Wolfgang Dietrich.

Aufstiegstrainer Hannes Wolf lernte 2009 bei der Wahl zu Dortmunds Sportler des Jahres den damaligen BVB-Coach Jürgen Klopp kennen. Klopp holt den damaligen Trainer des Bezirksligisten ASC Dortmund zum BVB und macht ihn zum Jugendtrainer. Bei seiner Vorstellung in Stuttgart im September 2016 sagt Wolf: »Ohne Klopp wäre ich nicht hier.«

Christian Gentner wurde mit dem VfB sowohl Meister, als auch Absteiger. 2007 gehörte er als junger Spieler dem Meisterkader an, 2016 stieg er als Kapitän mit seinem Club ab – und direkt wieder auf.

Best of the Rest, Teil II

Gerade mal drei Spielzeiten – 1986 bis 1988 und dann 1989/90 – verbrachte der FC Homburg in der Bundesliga. Sportlich fielen die Saarländer nicht weiter auf, einen Skandal verursachten sie aber trotzdem. Vor der Saison 1987/88 war es Präsident Manfred Ommer gelungen, den Kondomhersteller *London* als Hauptsponsor zu gewinnen. 200.000 Mark zahlte der Latexproduzent für das Engagement. Der Werbewert dürfte aber viel höher gewesen sein – was an der Spießigkeit des DFB lag. Die hohen Herren beim Verband, allen voran der spätere DFB-Präsident Gerhard Mayer-Vorfelder, sahen Sitte und Moral in Gefahr, verboten kurzerhand die Werbung und drohten dem Klub mit Punktabzügen. Das brachte unter anderem die FDP-Bundestagsfraktion auf die Palme. Homburg trat zunächst mit einem schwarzen Balken über dem Schriftzug auf, klagte aber gleichzeitig gegen das Verbot. Mit Erfolg: Das Landgericht Frankfurt konnte in Kondomwerbung keinen Verstoß gegen Sitte und Moral erkennen, *London* durfte wieder auf die Brust.

Paul Caligiuri wechselte nach der WM 1990 in Italien vom Zweitligisten Meppen zu Hansa Rostock. Damit war der Verteidiger der erste Ausländer der Vereinsgeschichte – und der erste Amerikaner bei einem Klub der ehemaligen DDR. Nach dem Aufstieg in die Bundesliga 1991 ging Caligiuri von Rostock zum SC Freiburg, damals noch in der 2. Liga. Erst 1995, beim FC St. Pauli, feierte Caligiuri endlich sein Bundesliga-Debüt.

Acht Vereine gehörten der Bundesliga nur eine Spielzeit an. In der Reihenfolge ihres Erfolgs, umgerechnet auf die Dreipunkte-regel: SSV Ulm (1999/2000, 35 Punkte), Fortuna Köln (1973/74, 33 Punkte), SC Paderborn (2014/15, 31 Punkte), Preußen Müns-ter (1963/64, 30 Punkte), Greuther Fürth (2012/13, 21 Punkte), Blau-Weiß 90 Berlin (1986/87, 21 Punkte), VfB Leipzig (1993/94, 20 Punkte), Tasmania Berlin (1965/66, 10 Punkte).

Der amerikanische Baggerhersteller *Caterpillar* war der ers-te Trikotsponsor im deutschen Fußball. 1967 trat Wormatia Worms mit *CAT*-Schriftzügen auf den Trikots auf. Der DFB verbot die Werbung nach wenigen Wochen.

Als *Jägermeister* sich 1973 auf die Brust von Eintracht Braun-schweig einkaufte, machte der Klub das Markenlogo kurzer-hand zum neuen Vereinslogo, um das Verbot zu umgehen. 500.000 Mark zahlte der Likörproduzent für die Werbung an Braunschweig.

Jägermeister-Chef Günter Mast war von 1983 bis 1986 auch Präsident des Klubs. Eigentlich wollte er die Eintracht auch in Jägermeister Braunschweig umbenennen, doch auch das ver-bot der DFB.

Negativrekorde des SC Tasmania 1900 Berlin: wenigste Punkte in einer Bundesliga-Saison (10, auf Dreipunkteregel gerechnet), wenigste Tore in einer Bundesliga-Saison (15), meiste Gegentore (108), wenigste Siege (2), meiste Niederla-gen in einer Saison (28), höchste Heimniederlage (0:9, gegen Meidericher SV).

Tasmania wurde 1965 nur in die Bundesliga aufgenommen, weil Hertha BSC wegen Bilanzfälschung hatte zwangsabsteigen müssen. Der DFB wollte unbedingt einen Westberliner Verein in der Bundesliga haben. Tennis Borussia, die eigentliche Nummer zwei in der Stadt, scheiterte in der Aufstiegsrunde, der Spandauer SV verzichtete. Tasmania sagte zu – und durfte als 18. Bundesliga-Verein an der Saison teilnehmen. Geplant waren, wie in den Jahren zuvor, eigentlich nur 16 Mannschaften. Die sportlichen Absteiger Schalke und KSC waren während des Gerangels um einen Berliner Platz aber wieder aufgenommen worden. Zusätzlich stiegen Mönchengladbach und der FC Bayern München aus den Regionalligen auf.

Tasmania scheiterte in den Folgejahren am Wiederaufstieg aus der Regionalliga. 1973 hatte der Klub 800.000 Mark Schulden aufgehäuft und wurde aufgelöst.

Sechs Brüderpaare spielten gemeinsam in der Nationalmannschaft: Fritz und Ottmar Walter, die Weltmeister von 1954, die Zwillinge Erwin und Helmut Kremers, Karl-Heinz und Michael Rummenigge, Bernd und Karlheinz Förster, Klaus und Thomas Allofs und aktuell die Zwillinge Lars und Sven Bender.

Michael Ballack wurde 2002 in fünf Wettbewerben Zweiter: Mit Leverkusen in der Bundesliga und dem DFB-Pokal, jeweils hinter Bayern München, in der Champions League musste er sich im Finale Real Madrid mit Zinedine Zidane geschlagen geben. Bei der WM 2002 verlor Deutschland ohne Ballack im Finale gegen Brasilien. Der torgefährliche Mittelfeldspieler hatte sich im Halbfinale gegen Südkorea »geopfert«, als er nach einem taktischen Foul die zweite Gelbe Karte im Turnier bekam und fürs Finale gesperrt wurde. Auch in der Bundesliga-Torschützenliste wurde Ballack nur Zweiter.

Nach dem ersten Bundesliga-Spieltag fand auch die erste Übertragung des *aktuellen sportstudios* im ZDF statt.

Acht Spielern oder Trainern gelangen bisher fünf Treffer an der legendären Torwand des *aktuellen sportstudios*: Günter Netzer war am 18. Mai 1974 der Erste, später schafften es noch Rudi Völler, Günter Hermann, Reinhard Saftig, Matthias Becker, Rolf Finger, Frank Pagelsdorf und Frank Rost. Sechs Treffer gelangen bisher niemandem.

Am 10. September 1999 schickte Schiedsrichter Herbert Fandel beim Spiel von Hansa Rostock gegen Ulm vier Ulmer vorzeitig zum Duschen. Außerdem mussten Ulms Trainer Martin Andermatt und Manager Erich Steer wegen Reklamierens auf der Tribüne Platz nehmen. »Ich denke, alle Platzverweise waren berechtigt«, sagte Fandel. Ulms Spieler Sascha Rösler bestätigte das später: »Eigentlich hätte ich auch die Rote Karte sehen müssen. Ich hätte Fandel ja beinahe in die Nase gebissen.« Rostock gewann das überharte Spiel übrigens mit 2:1.

Ulm stieg nach der Saison 1999/2000 als Tabellen-16. gleich wieder ab, Rostock blieb drin – als 15.

Sascha Rösler ist in seiner Karriere viermal in die Bundesliga aufgestiegen: mit Ulm, Aachen, Mönchengladbach und Düsseldorf.

Die AWD-Arena in Hannover ist das »bedürfnisfreundlichste« Stadion der Liga. Den maximal 50.000 Zuschauern stehen 458 Toiletten und 558 Urinale zur Verfügung. Auf 49 Zuschauer kommt also eine Schüssel.

Edgar Schmitt erzielte beim sensationellen 7:0 des KSC im UEFA-Cup-Spiel gegen Valencia in der Saison 1993/94 vier Tore. Seitdem wurde er »Euro-Eddy« genannt. Das Hinspiel hatte der KSC noch mit 1:3 verloren. Das Rückspiel ging als »Wunder vom Wildpark« in die Geschichte ein. Nach weiteren Siegen gegen Girondins Bordeaux um die jungen Zinedine Zidane und Bixente Lizarazu sowie gegen Boavista Porto erreichte der KSC bei seiner ersten UEFA-Cup-Teilnahme das Halbfinale. Dort war nach zwei Unentschieden (0:0, 1:1) gegen Austria Salzburg Schluss.

Edgar Schmitt war schon 28, als er bei Eintracht Frankfurt 1991 sein erstes Profispiel absolvierte. 1993 wechselte er zum KSC, wo er bis 1996 blieb.

Eine Woche vor dem »Wunder vom Wildpark« hatte sich Schmitt bei einem Autounfall mehrmals überschlagen. Seine Mitspieler nannten ihn darum auch »Looping Schmitt«.

Nach dem Ende seiner aktiven Karriere eröffnete »Euro-Eddy« in Bitburg den Lottoladen »Eddy's Sport Shop«.

Fortuna Düsseldorfs Libero Karl Werner war der erste Spieler, der von den Fans den Beinamen »Fußballgott« erhielt, und steht somit als Erster in einer langen Reihe mit Jürgen Kohler, Bastian Schweinsteiger und Co. Ab der Saison 1993/94 nannten die Fortuna-Fans den gebürtigen Franken so. Mitte der 1990er-Jahre zog sogar die von den Fans initiierte »Düsseldorfer Karlo Partei«, kurz »DKP«, ins Düsseldorfer Studentenparlament ein. Wieso Werner so beliebt war? Vielleicht waren es seine grotesk aussehenden Bewegungen am Ball – »Karlo« war 1,90 Meter und wirkte immer eher ungelenk – oder aber seine Vorliebe, Gegenspieler im eigenen Strafraum zu tunneln.

Mitte der 1990er-Jahre hätte der TSV 1860 München fast ein Bier als neuen Stürmerstar verpflichtet. »Das ist sicherlich ein interessanter Spieler«, antwortete Präsident Karl-Heinz Wildmoser jedenfalls auf die von einem Reporter des Bayerischen Fernsehens gestellte Frage, was denn dran sei an den Gerüchten, dass die Löwen den finnischen Stürmer Lapin Kulta verpflichten wollten. Doch Lapin Kulta war und ist eine finnische Biermarke – die zwei Reportern ziemlich gut geschmeckt haben muss. Auf der Rückreise von einem Auswärtsspiel des damaligen Erstligisten saßen die Boulevardreporter im ICE, im Speisewagen gab es im Rahmen einer Aktionswoche besagtes Bier. Die Fahrt war lang, den beiden war langweilig, das Bier schmeckte – am nächsten Morgen verbreiteten sowohl *Bild* als auch *tz* das Gerücht: »Holt 1860 Lapin Kulta?« Kann man ja mal versuchen.

Am 6. April 2001 trat Energie Cottbus als erste Bundesliga-Mannschaft nur mit Legionären an. Auch auf der Ersatzbank saß kein Deutscher.

Cottbus' langjähriger Torwart Tomislav Piplica gelang 2002 ein denkwürdiges Eigentor. Mit dem Hinterkopf. Stefan Raab zeigte die Szene immer wieder – als er Piplica den »Raab der Woche« verlieh, fuhr dieser nach Köln und holte sich den Schmähpreis persönlich ab.

Die Fans nannten Piplica liebevoll »Pipi«.

Trainer-Legende Eduard Geyer wurde während seiner Zeit in Cottbus von den Schiedsrichtern siebenmal auf die Tribüne verbannt. »Immer Missverständnisse«, sagt er.

Geyer war der letzte Nationaltrainer der DDR.

Trainer Aleksandar Ristić verteilte während der Spiele gern Bonbons an die Linienrichter.

1. FC Köln

Seit 1950 ist der Geißbock das Wappentier des 1. FC Köln. Zum zweiten Geburtstag des Klubs schenkte Zirkusdirektorin Carola Williams dem Klub den Geißbock Hennes I. Dem Klub fehle schließlich noch ein Glücksbringer, sagte sie. Bezeichnenderweise fand die Übergabe während einer Karnevalssitzung statt. Die Aktion war von Williams eigentlich als Scherz gemeint, doch der FC behielt den Geißbock.

Mittlerweile bringt Hennes VIII. dem Klub Glück. Wenn er nicht gerade während der Spiele an der Seitenlinie steht, lebt er im kleinen Geißbockheim des Kölner Zoos.

1965 wollte der Jugoslawe Srdjan Cebinac unbedingt in die Bundesliga. Zum Probetraining beim 1. FC Köln schickte er aber sicherheitshalber seinen Zwillingsbruder Zvezdan, der war schließlich etwas talentierter und besser als er. Der falsche Srdjan überzeugte und bekam prompt ein Vertragsangebot vorgelegt, das Srdjan unterschrieb. Richtig glücklich wurden die Kölner mit dem echten falschen Srdjan nicht, er machte nur drei Spiele in der Bundesliga. Der talentierte Zvezdan landete schließlich auch in Deutschland, er unterschrieb in Nürnberg, wo er wegen seines fintenreichen Spiels bald den Spitznamen »Zick-Zack« verpasst bekam.

Schon ein Jahr zuvor hatte der FC den ersten Brasilianer in die Bundesliga gebracht. Umgerechnet 75.000 Euro überwiesen die Kölner nach Brasilien. Blöd nur, dass dem Bananendampfer, der im Spätherbst im Kölner Hafen anlegte, nicht Pelé entstieg, wie viele Kölner Fans gehofft hatten, sondern ein weitgehend unbekannter Stürmer namens José Gilson Rodriguez, genannt Zézé. Noch blöder, dass der nach fünf Spielen ohne Torerfolg wieder nach Hause floh. Ein spanischer Arzt hatte ihm eine Schneeallergie attestiert, der FC löste den Vertrag auf.

Am 23. März 1965 blieb nach dem Spiel des 1. FC Köln gegen Inter Mailand eine vom Schiedsrichter geworfene Münze senkrecht im Boden stecken. Nach Hin-, Rück- und Entscheidungsspiel des Viertelfinals des Landesmeistercups sollte der Münzwurf über den Halbfinaleinzug entscheiden. Köln und der FC Liverpool hatten sich zweimal 0:0 getrennt, das Entscheidungsspiel in Rotterdam endete nach 120 Minuten 2:2. Der Schiedsrichter hatte in der Verlängerung Köln noch ein von Heinz Hornig geschossenes Tor verweigert. Nach dem zweiten Münzwurf wurde Liverpool schließlich zum Sieger erklärt.

Hannes Löhr überstand während seiner Karriere eine Tuberkulose, eine Lebererkrankung und eine schwere Blutvergiftung.

Die anfällige Gesundheit hinderte Löhr aber nicht daran, in 381 Spielen für den 1. FC Köln von 1964 bis 1978 166 Tore zu erzielen.

Dieter Müller ist der einzige Spieler der Bundesliga-Geschichte, dem fabelhafte sechs Tore in nur einem Spiel gelangen. In der Saison 1977/78 schenkte er Werder Bremen beim 7:2 den doppelten Hattrick ein.

Der *Express* wählte Dieter Müller zum Kölner Stürmer des Jahrhunderts. Insgesamt erzielte der gebürtige Offenbacher 159 Tore in 248 Spielen für den FC. In der Bundesliga liegt Fischer mit 177 Treffern für Offenbach, Köln, Stuttgart und Saarbrücken auf Platz sieben der ewigen Torschützenliste.

Trotz einer auch bei Länderspielen hervorragenden Torquote durfte Müller nur zwölf Spiele für den DFB bestreiten. Er hatte sich mit Bundestrainer Helmut Schön angelegt. In seinen zwölf Länderspielen erzielte er neun Tore und wurde 1976 Torschützenkönig bei der EM.

Bernd Schuster unterschrieb 1978 sicherheitshalber gleich drei rechtsgültige Verträge. Der 18-Jährige stand beim FC Augsburg in Lohn und Brot und bei Mönchengladbach und Köln im Wort. Am Ende entschieden nach langen Verhandlungen die Gerichte, dass Schuster nach Köln wechseln sollte.

Das einzige Kölner Pflichtspiel-Stadtderby mit Beteiligung des FC in der 1. Bundesliga fand 1983 statt. Im DFB-Pokalfinale besiegte der FC die Underdogs von Fortuna Köln mit 1:0. Zweitligist Fortuna war während des Finales die bessere Mannschaft gewesen. Das Siegtor erzielte aber das damalige Supertalent und spätere Weltmeister Pierre Littbarski.

Das Finalspiel fand im heimischen Müngersdorfer Stadion statt. Nach dem Triumph applaudierten sogar die FC-Fans den unterlegenen Fortunen.

422 Spiele hatte Harald Schumacher für den 1. FC Köln gemacht, war zur unumstrittenen Nummer eins in der Nationalmannschaft gereift, 1984 und 1986 zum Fußballer des Jahres in Deutschland gewählt worden. Kurz: Harald, den alle nur Toni oder »Tünn« nannten, war ein wandelndes Stadtdenkmal. Doch dann schrieb er sein Buch »Anpfiff«, in dem er Sauf- und Spielgelage bei der Nationalmannschaft und Dopingpraktiken in der Bundesliga enthüllte. Schumacher wurde sprichwörtlich aus der Stadt vertrieben.

Schumachers Buch »Anpfiff« wurde 1,5 Millionen Mal verkauft und in 15 Sprachen übersetzt. Die *taz* bezeichnete es als »katholischen Vorläufer der ›Satanischen Verse‹«.

Nach 15 Jahren beim FC wechselte Schumacher für ein Jahr nach Schalke, ehe er über Fenerbahçe Istanbul 1991 wieder in der Bundesliga landete – beim gerade kriselnden FC Bayern, der nach den schweren Verletzungen von Raimond Aumann und Sven Scheuer dringend einen erfahrenen Keeper brauchte. In München machte der »Tünn« noch mal acht Spiele, ehe er seine Karriere im Sommer 1992 37-jährig für beendet erklärte.

Das hinderte ihn aber nicht daran, doch noch einmal in der Bundesliga aufzulaufen. Nach seiner Zeit bei Bayern ging er als Torwarttrainer zu Borussia Dortmund – und wechselte sich am letzten Spieltag der Saison 1995/96 in der 88. Minute, in Absprache mit Cheftrainer Ottmar Hitzfeld, selbst ein. Schumacher rettete das 3:2 gegen Freiburg über die Zeit – und wurde so als Spieler zum zweiten Mal Meister.

Mittlerweile ist Schumacher Vizepräsident des FC.

Von 96 Elfmetern, die Toni Schumacher halten sollte, gingen 76 ins Tor. Beides sind Rekordmarken.

Vom ersten bis zum 15. Spieltag der Saison 1987/88 trug Sportdirektor Udo Lattek denselben blauen Pullover bei den Spielen seines FC. Vom ersten bis zum 15. Spieltag blieb Köln ungeschlagen.

Später wurde der berühmte blaue Pullover versteigert – für 36.000 Mark.

Wirklich große Liebe wurde es nicht zwischen Lattek und dem FC. »Im Kölner Stadion ist immer so eine gute Stimmung. Eigentlich stört da nur die Mannschaft«, sagte der einstige Sportchef später.

Vor dem Rückflug des 1. FC Köln vom UEFA-Cup-Spiel bei Spartak Moskau wurden 1989 mehrere Edelfans des FC dabei erwischt, wie sie Kaviar aus der Sowjetunion herausschmuggeln wollten.

Der FC kam damals nach dem 0:0 in Moskau dank des 3:1 im Hinspiel in die dritte Runde – und scheiterte in jener Saison sogar erst im Halbfinale. Das 0:0 im Rückspiel reichte nicht, um das 2:3 bei Juventus Turin zu drehen. Juve gewann den Wettbewerb schließlich in zwei Finalspielen gegen den AC Florenz. Falko Götz wurde in jener Saison mit sechs Treffern gemeinsam mit Bremens Karl-Heinz Riedle Torschützenkönig des UEFA-Cups.

1989 kam es im *aktuellen sportstudio* vor einem Millionen-publikum zum großen Streit, der die Feindschaft zwischen Uli Hoeneß und Christoph Daum, damals Trainer des FC und Bayern-Jäger Nummer eins, besiegelte. Das Wortge-fecht zwischen dem jungen Trainer und dem Manager des Branchenführers dauerte 18 Minuten und endete mit einem denkwürdigen Dialog. Hoeneß: »Ich glaube, du überschätzt dich hier maßlos. Du musst auch mal hier oben schauen, (von der Studiodecke baumeln Fußbälle, die Red.) das ist ein Ball über dir, das ist kein Heiligenschein!« – Daum: »Um das Maß an Überschätzung zu erreichen wie du, muss ich 100 Jahre alt werden.«

Meister wurde in jenem Jahr der FC Bayern.

Im November 2007 war der FC mal wieder auf der Suche nach einem Trainer. Nach durchwachsenem Start in die Zweitligasai-son hatte der Klub den Schweizer Hanspeter Latour beurlaubt – und kurzerhand bei Christoph Daum angerufen. Der hörte sich das Angebot an, musste dann aber wegen einer akuten Man-delentzündung ins Krankenhaus. Nach erfolgreicher OP berief Daum schließlich am 11.11. (!) eine Pressekonferenz ein – im Krankenhaus. Mehr als 100 Journalisten, Kamerateams und Patienten im Bademantel wohnten dem Spektakel bei. Daum trug Anzug und Krawatte, wirkte aber noch etwas erschöpft. Zunächst ließ er seinen Arzt ein genaues Bulletin über seinen Gesundheitszustand vortragen, ehe er dem FC absagte. Er wol-le einen Klub übernehmen, der in der kommenden Saison in-ternational spiele. Dies sei beim 1. FC Köln nicht der Fall.

Kölns Bosse ließen nicht locker. Nachdem Daum aus der Klinik entlassen wurde, traf man sich in Daums Haus – der mittlerweile »Gewissensbisse« wegen der Absage an seinen Lieblingsklub hatte. Am 27. November wurde Daum als neuer Trainer vorgestellt. Der Wiederaufstieg klappte aber erst in der folgenden Saison.

Thomas Häßler hat Schuhgröße 38.

Der 1,66 Meter große Häßler hat gedient und nahm 1987 an der Militär-WM in Italien teil. Dort wurde die Militär-Nationalmannschaft Zweiter. Drei Jahre später war Häßler mit dem DFB-Team Weltmeister. Anschließend wechselte er vom FC für eine damals astronomische Ablösesumme von 15 Millionen Mark zu Juventus Turin. Richtig glücklich wurde er in Italien aber erst im zweiten Anlauf: 1991 kaufte ihn für 14 Millionen Mark der AS Rom, bei dem auch schon Rudi Völler kickte. In Rom wurde Häßler zum Volkshelden.

Häßlers älterer Bruder Andreas war ebenfalls auf dem Weg, Profi zu werden, starb aber 1980 17-jährig an Leukämie. Sein jüngerer Bruder Sascha spielte auch beim FC, konnte sich aber nicht durchsetzen.

Häßlers langjährige Ehefrau und Managerin Angela brannte 1999 mit Edgar Geenen durch, dem Manager von »Ickes« damaligem Klub TSV 1860 München. Häßler blieb in München, Geenen wurde entlassen.

Von 2006 bis 2009 und 2010/11 arbeitete Häßler als Techniktrainer beim 1. FC Köln.

Weil Marcell Fensch unmittelbar vor seiner Einwechslung merkte, dass er sein Trikot in der Kabine vergessen hatte, musste der FC 1997 gegen Schalke beim Stand von 0:0 für vier Minuten in Unterzahl spielen. Als Fensch sein Trikot endlich gefunden und angezogen hatte, stand es 1:0 für Schalke. Der FC verlor am Ende mit 0:2.

Erich Rutemöllers Ehrlichkeit kostete Frank Ordenewitz einst das DFB-Pokalfinale 1991. Der Trainer plauderte nach dem Halbfinale vor TV-Kameras aus, dass er Ordenewitz aufgefordert hatte, eine Gelb-Rote-Karte zu provozieren. »In Gottes Namen, dann mach et, Otze«, sagte Rutemöller dem Stürmer, der früh schon die Gelbe Karte gesehen hatte und darum fürs Finale gesperrt gewesen wäre, während des Spiels. Kurz vor Ende der Partie schlug Ordenewitz den Ball weg und kassierte tatsächlich die zweite Gelbe Karte. Gelb-Rote und Rote Karten konnte man damals noch in der Bundesliga absitzen. Der DFB sperrte Ordenewitz wegen unsportlichen Verhaltens dennoch fürs Finale – und schaffte die Regel ab. Seitdem müssen Sperren aus dem Pokal auch im Pokal abgesessen werden.

Rutemöller musste wegen seines Satzes 5000 Mark Strafe an den DFB bezahlen.

Ohne Ordenewitz verlor der FC das Pokalfinale gegen Werder Bremen – im Elfmeterschießen. Nach 90 Minuten und Verlängerung hatte es 1:1 gestanden. Maurice Banach hatte in der 62. Minute Bremens Führung durch Dieter Eilts aus der 48. Minute ausgeglichen. Im Elfmeterschießen war Oli Reck zum Helden geworden, indem er Pierre Littbarskis Elfmeter hielt. Zuvor hatte Kölns Andzrej Rudy den Ball neben das Tor geschossen. Bodo Illgners Rettungstat gegen Klaus Allofs reichte nicht. Bremen gewann das Elfmeterschießen mit 4:3.

Rutemöllers Spruch hinderte den DFB nicht daran, den Trainer 1994 zu verpflichten. Zunächst arbeitete er als Jugendtrainer für den Verband, von 2000 bis 2007 war er Ausbildungsleiter beim DFB.

2009 arbeitete Rutemöller als Berater des iranischen Nationaltrainers Ali Daei, ab 2014 war er Scout für den afghanischen Fußballverband. Beide Mannschaften betreute er während einiger Länderspiele auch interimsmäßig als Trainer.

1997 verkaufte der FC in seinem Fanshop den 1. FC Köln Knoblauch-Kräuter-Dip.

Eine falsche Videokassette bescherte Toni Polster einst eine Sperre von fünf Spielen. Beim Derby gegen Leverkusen hatte Polster nach einem Tritt an Paulo Sergio die Rote Karte gesehen. Zur Verhandlung beim DFB-Sportgericht ließ FC-Geschäftsführer Wolfgang Schänzler einen Mitschnitt der Szene anfertigen, der den Stürmerstar entlasten sollte. Blöd nur: Er hatte die Kassetten vertauscht. Statt eines harmlosen Tritts von Polster bekamen die Richter einen Karnevalsauftritt der Bläck Fööss zu sehen.

In der Saison 2001/02 blieb der FC 1034 Minuten torlos.

Vor der Saison frohlockten die FC-Bosse. Mehr als vier Millionen Euro wollte eine zypriotische Firma namens Satena Holding zahlen, wenn der FC auf den Trikots Werbung für die Mittelmeerinsel Zypern machen würde. Der Dreijahresvertrag war unterschrieben, die Trikots schon in der Vorbereitung. Blöd nur: Weder wusste das zypriotische Fremdenverkehrsamt etwas von dem Deal – noch gab es den Vertragspartner. Zwei Reporter des WDR trafen bei ihren Recherchen an der von den angeblichen Satena-Bevollmächtigten angegebenen Adresse in Zypern nur eine Rechtsanwaltskanzlei – bei der man noch nie von Satena gehört hatte.

In der Saison 2004/05 führte Trainer Huub Stevens den FC souverän zurück in die Bundesliga. Dennoch kündigte er nach dem Aufstieg seinen Vertrag: Stevens wollte sich um seine kranke Frau Toos kümmern. Später verlängerte er auch, nachdem er den HSV vom letzten Platz in den UEFA-Cup geführt hatte, seinen Vertrag in Hamburg nicht, um seiner Frau beizustehen. Toos Stevens leidet an der Darmkrankheit Morbus Crohn.

In der Saison 2009/10 war kein regelmäßig eingesetzter Spieler des FC in Köln und Umgebung geboren.

Lukas Podolskis Vater Waldemar war Fußballprofi in Polen. 1979/80 gehörte er ein paar Spieltage dem Kader von Szombierki Bytom an, der in jener Saison Meister wurde. Eingesetzt wurde Podolski senior – ebenfalls Stürmer – in jener Saison aber nicht.

Während seiner Fußballerkarriere absolvierte Waldemar Podolski ein Lehramtsstudium. Heute arbeitet der Englischlehrer für einen Heizungsbauer in Bergheim.

Lukas Podolskis Mutter Krystyna Podolska war Handball-Nationalspielerin Polens.

Lukas Podolski ist in Gleiwitz geboren, die Familie zog 1987 als Aussiedler nach Deutschland. Zu Hause spricht Podolski Polnisch.

Podolskis Treffer sind schon zehnmal zum Tor des Monats gewählt worden.

Wegen des Satirikers Jan Böhmermann boykottierte Podolski während der ersten zwei Wochen der WM 2006 die ARD und gab den Sendern keine Interviews. Böhmermann hatte den Stürmer beim Radiosender *1live* in der Sendung *Das WM-Tagebuch von Lukas Podolski* parodiert.

Podolski scheiterte vor Gericht mit dem Versuch, eine Unterlassungsklage gegen Böhmermanns Parodie zu erwirken. Auch zur EM 2008 zog Böhmermann den Stürmer in seinem Podcast *Pod-Olski* durch den Kakao, ab 2009 lebte Lukas in Böhmermanns Satire in einer WG mit Geißbock Hennes.

Aus einer von Böhmermanns Satiren stammt auch der Satz: »Fußball ist wie Schach – nur ohne Würfel.« Dieser Spruch wurde von vielen Medien, unter anderem von *spiegel.de* und dem *Kicker*, dem Nationalspieler zugesprochen – und 2008 von der Deutschen Akademie für Fußballkultur zum Fußballer-zitat des Jahres gekürt.

Podolski ist der teuerste Spieler, der je beim FC gespielt hat. Zehn Millionen Euro musste der FC 2009 an den FC Bayern überweisen, um »Poldi« zurückzuholen – dieselbe Summe, die Bayern drei Jahre vorher für ihn nach Köln überwiesen hatte. Als der FC Arsenal Podolski 2012 schließlich verpflichtete, be-zahlten die Londoner 12 Millionen Euro für ihn.

»Ov vür ov zoröck, neues Spell heiß neues Jlöck, e Jeföhl dat verbingk, FC Kölle«, singen De Höhner in der Vereinshymne über ihren Lieblingsklub.

De Höhner sind während einer Karnevalssitzung in Mönchen-gladbach mal mit grünen Schals aufgetreten.

Faryd Mondragon war der erste (und bislang einzige) Bundesli-ga-Torhüter aus Südamerika. Der Kolumbianer wechselte 2007 von Galatasaray Istanbul zum FC.

Drei Jahre später verglich sich Mondragon bei einer denk-würdigen Pressekonferenz am Geißbockheim mit Jesus. »Ich fühle mich, als hätte ich ein Messer im Rücken. Auch Jesus Christus wurde hinterhältig behandelt und verraten. So wird man im Leben eben immer wieder von Menschen enttäuscht«, sagte er. Mondragon war sauer auf den damali-gen Trainer Soldo und Manager Michael Meier, die ihn nicht zu einem Länderspiel in die USA reisen lassen wollten. Mondragon flog trotzdem, spielte, kam zurück, stellte seine eigene Dolchstoßlegende auf – und wechselte im Januar in die USA nach Philadelphia.

Stale Solbakken, 2011 bis April 2012 FC-Trainer, hat einen Herzschrittmacher.

Ex-Trainer Frank Schaefer ist bekennender Baptist und Mitglied der freikirchlichen Gemeinde Köln-West.

Schaefer war bereits ab 1982 – bis auf ein siebenjähriges Intermezzo bei Bayer Leverkusen – als Trainer verschiedener Mannschaften beim 1. FC Köln angestellt, als er 2010 nach Zvonomir Soldos Beurlaubung zum Cheftrainer ernannt wurde. Obwohl der FC unter seiner Leitung sieben Heimspiele hintereinander gewann, trat er im April 2011 zurück. Zuvor hatte er sich über die Medien eine Debatte mit Sportchef Volker Finke über seinen Glauben geliefert. »Dorther kommt ja offensichtlich sein Problem, den Job als Profifußball-Trainer mit seiner privaten Lebenssituation verbinden zu können«, hatte Finke gesagt. Schaefer widersprach heftigst – obwohl ihn »Teile des Fußballgeschäfts anwidern« würden, hätte dies nichts mit seinem Glauben zu tun. Dennoch trat er wenige Tage später zurück. Finke übernahm.

Am 12. April 2012 übernahm Schaefer nach der Freistellung Solbakkens das Amt wieder. Da ihm der Klassenerhalt nicht gelang, trat er im Mai wieder zurück.

Weil das entscheidende Fax 14 Minuten zu spät bei der DFL einging, scheiterte im Januar 2011 der Transfer von Eric Maxim

Choupo-Moting vom HSV zum FC. Das Faxgerät von Vater Choupo-Moting streikte, also kam der Leihvertrag zu spät beim Ligaverband an.

Im Januar 2015 entdeckten die Kölner Mannschaftsärzte beim Medizin-Check des Wunsch-Stürmers Philipp Hosiner einen zwei Kilo schweren Tumor an der linken Niere des Österreichers. Anfang Februar wurde Hosiner erfolgreich operiert, im Juni verpflichtete ihn Köln doch noch.

1997 nahmen Toni Polster und »Die Fabulösen Thekenschlampen« die Single »Toni, lass es Polstern« auf.

Hertha BSC

Withaya Laohakul ist der einzige Thailänder, der in der Bundesliga zum Einsatz kam. 1979 machte er drei Spiele für die Hertha.

Hans-Wilhelm Müller-Wohlfahrt begann seine Karriere als Mannschaftsarzt mit wehendem Haar und magischen Fingern 1975 bei Hertha BSC. Als der Orthopäde 1977 mit seiner Praxis nach München übersiedelte, wurde er vom FC Bayern München verpflichtet. Dort blieb er, bis auf eine Unterbrechung von 2008 bis 2009, bis 2015.

Gabor Kiraly fuhr immer mit einem alten Mini zum Training. Später auch durch England und München.

Daheim trägt Kiraly nie graue Schlabberhosen. »Zu Hause trage ich eher schwarze Jogginghosen«, sagt der Ungar.

Hertha-Fans sind die untreuesten der Liga. Laut einer Umfrage des sogenannten Seitensprungportals AshleyMadison.com ist jeder Hertha-Fan 2014 im Durchschnitt 3,95-mal fremdgegangen. Befragt wurden freilich nur »fußballbegeisterte« Mitglieder des Portals, insgesamt aber immerhin 21.468 Personen. Die treuesten Fans hat angeblich Paderborn mit nur 0,67 Seitensprüngen pro Fan und Jahr. Bei den Fremdgeh-Europameisterschaften erreicht Deutschland mit 2,73 Seitensprüngen pro Fan Rang drei. Sexuell freizügigste Nation sei Frankreich mit 2,87 Seitensprüngen pro Fan und Jahr.

Acht Jahre, von 1966 bis 1974, und dann noch mal ein halbes Jahr in der Saison 1979/80, trainierte Helmut Kronsbein Hertha BSC. Mit Kronsbein, Spitzname »Fifi«, stieg die Hertha 1968 wieder in die Bundesliga auf, wurde 1970 und 1971 Dritte. Für weit größeres Aufsehen sorgte »Fifi«, mittlerweile im Ruhestand, 1984: Kronsbein stand im Verdacht, seine Frau Gerda umgebracht zu haben, er musste sich vor dem Landgericht Hannover wegen Körperverletzung mit Todesfolge verantworten. Ein Gutachten entlastete ihn. Seine Frau habe einen »Strom-Suizid« vollzogen. Kronsbein wurde freigesprochen.

Offiziell 88.075 Zuschauer sahen sich in der Saison 1969/70 das Heimspiel der Hertha gegen den 1. FC Köln an. Das ist bis heute Zuschauerrekord in der Bundesliga.

Anfang der 1980er-Jahre verschmähten die Berliner den späteren Hauptstadtklub. Zu Zweitligazeiten verirrten sich oft nicht mehr als 2000 Zuschauer ins weite Rund des Olympiastadions. Selbst in der Bundesliga-Saison 1982/83 kamen im Schnitt nicht mehr als 20.000 Menschen. Zu den Treuesten der Treuen gehörte damals ausgerechnet ein Affe! Der Maurer und Hertha-Edelfan Ralf Preller hat sogar bei Auswärtsspielen seinen Kapuzineraffen dabei, stilecht im Hertha-Trikot.

Arne Friedrich hatte 2002 gerade zweimal in der Bundesliga gespielt, als ihn Rudi Völler für die Nationalmannschaft nominierte. Bis 2011 folgten noch 81 weitere Länderspiele.

2001 wurde Hertha BSC Ronaldinho angeboten, doch der damalige Manager Dieter Hoeneß lehnte ab – und holte lieber Marcelinho.

Den Spitznamen »Zecke« bekam Andreas Neuendorf noch zu Leverkusener Zeiten von Ulf Kirsten verpasst, als er nach einem Zeckenbiss ins Krankenhaus musste. Weil er die Zecke auch auf seinem Trikot tragen wollte, malte er 2004 zwei Bilder mit Ölfarben, unterschrieb sie mit »Zecke«, verkaufte sie, galt fortan offiziell als Künstler – und ließ sich den Künstlernamen erst in den Pass schreiben, dann auf die Trikots drucken.

Als Fritz Lindner, sein Bruder Max und die Brüder Otto und Willi Lorenz den Klub gründeten, soll sich Fritz Lindner an eine Dampferfahrt auf der Spree erinnert haben – auf einem Schiff mit dem schönen Namen »Hertha«, auf dessen Schornstein ein blau-weiß-gelber Stern geprangt haben soll. Schon waren der Legende nach Name und Vereinsfarben des neuen Klubs gefunden. Das Gelb verschwand irgendwann wieder, die »Hertha«, also das Schiff, gibt es immer noch. Der 23 Meter lange und fünf Meter breite Dampfer schippert nach wie vor durch Brandenburg. Benannt wurde das Schiff 1863 nach der Tochter des Reeders, die am Tag des Stapellaufs ihren zwölften Geburtstag feierte. Nach dem Zweiten Weltkrieg landete die »Hertha« in Wusterhausen und schipperte fortan durch die Hoheitsgewässer der DDR. 1969 wurde der Dampfer zunächst in »Seebär« umbenannt, später bekam er den schmissigen Namen »Seid Bereit«. 2002, zum 110. Geburtstag von Hertha BSC, erhielt der Kahn wieder seinen ursprünglichen Namen. Der für 140 Passagiere zugelassene Dampfer schippert bis heute über die Kyritzer Seenkette in Brandenburg. Alle Initiativen, den Kahn, von Klub-Ultras liebevoll mit Hertha-BSC-Stickern beklebt, in den Besitz des Vereins zu nehmen, scheiterten bislang. Gemietet werden kann das Schiff aber von jedem, für 500 Euro für zwei Stunden.

Stürmer Axel Kruse wechselte mit 33 noch mal die Sportart und wurde 1999 Kicker beim Football-Team Berlin Thunder. In drei Jahren erzielte er 130 Punkte und gewann mit seiner Mannschaft zweimal die World Bowl. »Für mich war es nie ein Problem, aus 20 Metern über die Latte zu schießen«, sagte er bei seinem Wechsel.

Ein Interview im *Focus* im März 2007 bedeutete den Anfang von Ende von Falko Götz' Zeit als Trainer bei Hertha. Über Kevin-Prince und Jérôme Boateng, die besten Talente des Klubs, hatte der Trainer da fälschlicherweise gesagt: »Kevin hat viele Geschwister, alle von anderen Vätern. Aber das ist kein Makel. Berlin ist eben multikulturell.« Tatsächlich haben Kevin-Prince und Jérôme den gleichen Vater. Kevin-Prince war so sauer, dass er seinem Trainer Prügel angedroht haben soll. Ein paar Tage später erschien er bei der Abfahrt zu einem Auswärtsspiel mit einem Döner in der Hand. Im April wurde Götz entlassen, Hertha befand sich im Abstiegskampf. Kevin-Prince wechselte zu Tottenham, Jérôme ging nach Hamburg.

Otto Rehhagel erlebte am letzten Spieltag der Saison 2011/12 sein 1033. Spiel in der Bundesliga, davon hatte er 832 als Trainer bestritten. Damit ist er absoluter Rekordhalter. Den Abstieg konnte er aber auch nicht verhindern. Nach zwei Relegationsspielen gegen Fortuna Düsseldorf musste die Hertha mal wieder in die 2. Liga.

Schon sein erstes Bundesligaspiel hatte Rehhagel als Berliner gemacht. Am allerersten Spieltag am 24. August 1963 trennten sich Hertha BSC und der 1. FC Nürnberg im Olympiastadion 1:1. Dem Rechtsverteidiger Rehhagel bescheinigte der *Kicker* eine gute Leistung: »Großartig im Tackling, sicher im Abschlag.«

SC Freiburg

Der Rasen des Schwarzwald-Stadions ist etwas über 100 Meter lang – und damit viereinhalb Meter zu kurz für internationale Standards. Der SC Freiburg darf darum nur mit einer Sondergenehmigung im Stadion spielen.

In den 1990er-Jahren wurden die Freiburger in der Bundesliga wegen ihres charakteristischen Kurzpassspiels »Breisgau-Brasilianer« genannt. Ob Trainer Volker Finke das Spielsystem wegen der kürzeren Spielfläche in der damals noch als Dreisamstadion bekannten Spielstätte entwickelte, ist nicht überliefert. Dass das kurze Grün der Spielweise entgegenkam, ist jedoch unbestritten.

Die Solarmodule auf dem Dach der Nordtribüne, Südtribüne und Gegengeraden und die Solartherme auf der Haupttribüne liefern jährlich 250.000 Kilowattstunden Strom. Damit kann das Stadion größtenteils nur mit der eigenen Sonnenenergie betrieben werden.

Drei der insgesamt fünf Länderspiele, die die DFB-Elf in Freiburg absolvierte, endeten 7:0: gegen Kuwait im Mai 2002, gegen Malta im Mai 2004 und gegen Luxemburg im Mai 2006. Seitdem ist die DFB-Elf nicht mehr nach Freiburg zurückgekommen – weil die Gegner sich weigerten? Schon im Juni 2000 hatte die Nationalmannschaft in Freiburg einen Kantersieg eingefahren: Liechtenstein wurde mit 8:2 geschlagen. Das erste Länderspiel im Breisgau ging 1913 dagegen verloren: Die Schweiz gewann vor dem Ersten Weltkrieg mit 2:1 gegen die Mannschaft des Deutschen Kaiserreichs. Dieses Spiel fand allerdings im Stadion des FC Freiburg auf dem Sportplatz an der Schwarzwaldstraße statt.

Paschalis Seretis absolvierte keines seiner 36 Spiele für Freiburg über 90 Minuten. Der Grieche wurde von 1993 bis 1997 32-mal ein- und viermal ausgewechselt.

Volker Finke verlor 153 Bundesliga-Spiele als Trainer des SC Freiburg – so viele wie kein anderer Übungsleiter in der 1. Liga.

Finke arbeitete vor seiner Zeit als Profitrainer als Studienrat für Sport, Gemeinschaftskunde und Geschichte an einem Gymnasium in Niedersachsen.

Mit 16 Amtsjahren beim SC Freiburg ist Finke der Rekordtrainer der Bundesliga.

Finke stieg von 1991 bis 2007 dreimal mit dem SC in die Bundesliga auf und führte den Klub mit seinem Kurzpassspiel zweimal in den UEFA-Cup. Er stieg aber auch dreimal ab.

Nach seinem erzwungenen Abschied aus Freiburg nach 606 Pflichtspielen feierte Finke eine Party unter dem Motto »Je ne regrette rien« (»Ich bereue nichts«). Eingeladen waren 250 Weggefährten, Freunde und frühere Spieler. Das SC-Präsidium um Achim Stocker fehlte auf der Gästeliste. Schon im Stadion hatte Finke nach seinem letzten Spiel für einen Eklat gesorgt: Als Stocker ihm Blumen überreichen wollte, stemmte Finke die Hände in die Hüften und fing auf dem Rasen eine Diskussion mit dem Präsidenten an. Dann schnappte er sich ein Mikro und sagte den Fans: »Der Vorstand hat uns 14 Jahre lang den Rücken freigehalten.« 14, nicht 16.

In Finkes letzter Saison verpasste der SC als Vierter knapp den Aufstieg. Sein Nachfolger Robin Dutt schaffte den dann in der Folgesaison.

Der legendäre Strandkorb, der Finke 2001 von der Kurverwaltung der Insel Langeoog zum Dank für die regelmäßigen Trainingslager, die der SC auf der Insel gemacht hatte, geschenkt worden war und von dem er bis zu seinem Abschied 2007 die Spiele seines SC beobachtete, brachte auf Ebay 34.550 Euro ein.

Von den elf Spielen, die Alexander Iaschwili gegen den FC Bayern absolvierte, verlor der langjährige SC-Kapitän elf.

Von 1998 bis 2003 war der SC der »Willi-Verein« der Bundesliga: Neben den drei Georgiern Alexander Iaschwili, Lewan Kobiaschwili und Lewan Zkitischwili spielte auch noch ein echter Willi im Team – der Deutsche Tobias Willi. Kobiaschwili verließ den Klub 2003 gen Schalke. Im Januar 2005 kam dafür sein Landsmann Otar Chisaneischwili dazu. Nach Freiburgs Abstieg 2005 sollte er bis 2008 der einzige »Willi« in der Mannschaft bleiben. Weil er sich aber nie richtig durchsetzen konnte, endete mit seinem Wechsel nach Augsburg die »Willi-Ära« im Breisgau.

Bundestrainer Joachim Löw ist bis heute Rekordtorschütze des SC Freiburg. Er traf 81-mal in 252 Spielen für die Breisgauer – allerdings nur in der 2. Liga. In der Bundesliga gelangen Löw für Stuttgart, Frankfurt und den KSC sieben Treffer in 52 Spielen.

Trotz seines genialen Namens ließ Alain Junior Ollé Ollé die Fans eher selten »Olé olé« rufen. Der Kameruner absolvierte von 2008 bis 2011 lediglich elf Spiele für den SC. Ein Tor gelang dem Mittelfeldspieler dabei nicht.

Trainer Christian Streich, gelernter Industriekaufmann, holte mit 25 Jahren sein Abitur am Berufskolleg nach und studierte danach Germanistik, Sport und Geschichte auf Lehramt. Vor seinem Abitur absolvierte er in der Saison 1989/90 zehn Bundesliga-Einsätze für den FC Homburg, ehe er nach Freiburg zurückkehrte. Seit 1995 gehört er dem Trainerstab des SC an, erst als Trainer der U 19, dann ab dem 29. Dezember 2011 als Cheftrainer der Profis. Zuvor war er auch schon Co-Trainer unter Marcus Sorg.

Freiburgs Präsident Fritz Keller ist Winzer, Gastronom und Hotelier. Seit 2010 steht er dem Sportclub vor.

1995 bis 1997 bildeten Alain Sutter und Harry Decheiver das wohl haarigste Sturmduo der Bundesliga-Geschichte. Der blonde Schweizer Sutter und der dunkelhaarige Niederländer machten zusammen 23 Tore. Sutter war vom FC Bayern gekommen, wo Manager Uli Hoeneß so lange auf ihn eingeredet hatte, bis er seine Matte ein wenig kürzte. Ihn zog es

1997 von Freiburg nach Dallas. Decheiver, Spitzname »Knipser«, wechselte nach Dortmund.

Sutter ist heute nicht etwa Surflehrer, sondern Kommentator beim Schweizer Fernsehen. Decheiver eröffnete nach seiner Fußballkarriere eine Videothek. Mittlerweile tragen beide kurze Haare.

Mit 37 Toren in 65 Spielen von 2010 bis 2012 ist Papiss Demba Cissé bester Freiburger Torschütze in der Bundesliga. Seine 22 Treffer in der Saison 2010/11 sind außerdem die Bestmarke für einen afrikanischen Spieler in einer Spielzeit.

In der Saison 1987/1988 spielten Christian Streich und Joachim Löw gemeinsam beim damals zweitklassigen SC Freiburg. Streich im Mittelfeld, Löw im Sturm.

SC-Sportchef Klemens Hartenbach spielte ab 1988 zwei Jahre zusammen mit Joachim Löw beim SC Freiburg. In der Saison 1990/91 spielte der Torwart beim Lokalrivalen FC Freiburg zusammen mit Christian Streich. Gemeinsam gewannen sie mit dem Oberligisten den Südbadischen Vereinspokal und erreichten im DFB-Pokal das Achtelfinale. Streich und Hartenbach fuhren damals auch gemeinsam im Wohnwagen in Urlaub.

1. FC Kaiserslautern

Fritz Walter sollte 1936 bereits als 16-Jähriger im Sturm des 1. FC Kaiserslautern auflaufen. Da der Bursche dafür aber eine Sondergenehmigung benötigte und der einbestellte Amtsarzt ihn für zu schmächtig hielt, durfte er erst 1938 bei den Herren debütieren.

Seine Eltern verordneten dem jungen Fritz während der Wartezeit eine Fresskur in der Familien-Metzgerei.

Fritz Walter wurde 1940 zwar zur Wehrmacht eingezogen, er musste aber nicht an die Front. Sein Hauptmann war ein Fußballverrückter und wollte den Wunderstürmer nicht im Krieg verheizen. Walter schob stattdessen bis Kriegsende Innendienst und spielte in verschiedenen Mannschaften der Soldatenliga.

Als er gegen Kriegsende in sowjetische Gefangenschaft geriet, soll ein Major, der ihn als Nationalspieler erkannte, Fritz und seinen jüngeren Bruder Ludwig Walter vor dem Gulag bewahrt haben.

Nach seiner Rückkehr aus der Kriegsgefangenschaft im Oktober 1945 schloss sich der Nationalspieler wieder dem FCK an. Wenig später lernte er Italia Bortoluzzi kennen, die er 1948 heiratete. Die, na klar, aus Italien stammende Italia arbeitete als Dolmetscherin für die französischen Besatzer und wurde bald zu einer Art Managerin ihres Mannes.

Gar nicht begeistert von der Damenwahl seines Kapitäns soll Bundestrainer Sepp Herberger gewesen sein. »Die kann nicht kochen, die kann nicht nähen, die macht unseren Fritz fertig«, soll er gesagt haben. Auch bei der Bevölkerung sorgte die dunkelhaarige Italia mit ihrer Vorliebe für Pumps und Pelzmäntel für Aufsehen.

Die Pfälzer versöhnten sich mit Italia, als sie ihren Fritz von einem möglichen Wechsel zu Atletico Madrid, das dem Stürmer die aberwitzige Summe von 250.000 Mark Handgeld und 10.000 Mark Gehalt im Monat angeboten hatte, abriet. »Schnuckelino, du brauchst mich doch nicht lange fragen. Da oben, der Betze, der 1. FCK, der Chef, der Herr Herberger, die Nationalmannschaft und Deutschland«, soll sie gesagt haben.

Der Historiker Joachim Fest bezeichnete Fritz Walter, den Kapitän der »Wunder von Bern«-Weltmeisterelf, einmal als einen von drei Gründungsvätern der Bundesrepublik. »Politisch ist es Adenauer, wirtschaftlich ist es Erhard und mental ist es Fritz Walter. Eigentlich war 1954, der 4. Juli, das Gründungsdatum der Bundesrepublik«, schrieb er.

Fritzens Bruder Ottmar wurde 1954 ebenfalls Weltmeister. Weder er noch sein Bruder waren jemals Mitglied der NSDAP.

Trainer Otto Rehhagel und seine Frau Beate wollten Michael Ballack mit der Kaiserslauterer Kellnerin Simone verkuppeln. Die beiden kamen tatsächlich zusammen und heirateten später. Was Otto aber nicht wusste: Simone und Michael

Ballack kannten sich längst näher, als er dem jungen Spieler die Dame empfahl.

Bis heute ist Klaus Toppmöller Rekordtorschütze der Lauterer. Der Lockenkopf aus Rivenich erzielte zwischen 1972 und 1980 108 Tore in 204 Spielen für die Pfälzer. Besonders gern traf er gegen den FC Bayern München: In elf Begegnungen gegen die Münchner gelangen ihm zwölf Treffer. Kein Wunder, dass die Bayern ihn Mitte der 1970er-Jahre unbedingt abwerben wollten, doch da bissen sie beim heimatverbundenen »Toppi« auf Granit. 1980 verließ er diese Heimat aber dann doch: Toppmöller ging erst nach Dallas, dann für ein Jahr nach Calgary, ehe es ihn 1981 doch wieder in die Heimat zog. Bis 1987 ließ er seine Karriere beim FSV Salmrohr in der Oberliga und in der 2. Liga ausklingen, ehe er im März 1987 bei den Salmrohrern den Trainerposten übernahm.

Toppmöller war nicht nur mit dem Ball treffsicher. 1976 streckte er im Spiel gegen den 1. FC Köln seinen Gegenspieler Jürgen Glowacz mit einer lehrbuchmäßigen Geraden nieder und posierte daraufhin wie einst Muhammad Ali über den am Boden liegenden Sonny Liston.

Der 1. FCK wurde im *Kicker* bereits 1934 als »teuflisch« bezeichnet. Im Sinne von: teuflisch gut. Nach dem Zweiten Weltkrieg wurden daraus dann, angelehnt an die Trikotfarbe, die »Roten Teufel«.

In den 1950er- und 1960er-Jahren konkurrierte die Bezeichnung mit dem Begriff »Walter-Elf«.

Seit 1979 ist der Teufel »Betzi« das Maskottchen des 1. FCK.

Der Betzenberg ist 285 Meter hoch und erhebt sich 50 Meter über das restliche Stadtgebiet. Bereits seit 1920 trägt der Klub seine Spiele im Stadion auf dem Betzenberg aus. Erst seit 1967 gibt es das Wohnviertel Betzenberg.

Opel war zwar von 1970 bis 1976 Hauptsponsor des Klubs, aber nicht mit seinem Schriftzug auf den Trikots zu sehen.

Erster Trikotsponsor war von 1976 bis 1979 Spirituosenhersteller *Campari*.

Sergio Allievi wechselte noch zu DDR-Zeiten vom Westen in den Osten. Dynamo Dresden ließ sich die Dienste des Mittelfeldspielers im Sommer 1990 600.000 Mark Ablöse kosten. Eigentlich war sich Allievi schon mit Galatasaray Istanbul über einen Wechsel einig, doch »meine Frau wollte nicht in die Türkei«, wie er einmal dem Magazin *11Freunde* erzählte. Auch in die Schweiz wollte die Dame nicht. »Sie wollte unbedingt zurück in den Westen«, so Allievi. Als sich dann aber ein Transfer nach Bochum im letzten Moment zerschlug, ging es tief in den Osten. Allievi übernahm in Dresden die alte Wohnung von Torjäger Ulf Kirsten, der nach Leverkusen gewechselt war. 1992 ging der aus Essen stammende Deutsch-Italiener nach 35 Spielen für Dresden in der Oberliga und Bundesliga zum damaligen Zweitliga-Aufsteiger Unterhaching.

Als der junge Lauterer Franco Foda 1987 in Brasilien bei seinem ersten Länderspiel für die DFB-Elf eingewechselt wurde, jubelten die Fans. Franco Foda heißt auf Brasilianisch so viel wie »kostenlos ficken«. Foda machte danach nur noch ein weiteres Länderspiel. An seinem Namen soll das nicht gelegen haben.

Der Spitzname des langjährigen Publikumslieblings und Torwarts Gerry Ehrmann war »Tarzan«. Er war bekennender Bodybuilder.

In der Saison 1993/94 verdrängte der von den Stuttgarter Kickers gekommene Claus Reitmeier Ehrmann aus dem Tor. Der Neue war aber unbeliebt beim Anhang, die Fans hielten ihn für arrogant. Die Treuesten der Treuen in der Westkurve forderten so lange und vehement Ehrmann zurück, bis Trainer Friedel Rausch kurz vor Saisonende einknickte und »Tarzan« im Heimspiel gegen die Bayern wieder in den Kasten stellte. Reitmeier verkündete während des Spiels in einem Interview in der Halbzeitpause seinen Abschied vom Betzenberg. Er wechselte zum KSC – wo er einige Jahre mit dem Schriftzug »Ehrmann« auf der Brust auflief. Der Joghurthersteller war Karlsruhes Hauptsponsor.

1996, noch als aktiver Keeper, gründete Ehrmann seine Torwartschule und wurde Torwarttrainer beim 1. FCK.

In seiner Torwartschule formte Tarzan Ehrmann junge Torleute, die von ihm trainiert und Profis wurden: Roman Weidenfeller, Tim Wiese, Florian Fromlowitz, Tobias Sippel, Luis Robles, Kevin Trapp, Marco Knaller, Marius Müller und Julian Pollersbeck.

Eine Woche nach dem ersten Abstieg 1996 gewann Lautern mit einem 1:0 gegen den KSC den DFB-Pokal.

Vor dem letzten Spieltag 1995/96 war klar, dass entweder Kaiserslautern mit Kapitän und Weltmeister Andreas Brehme oder Bayer Leverkusen mit Kapitän und Weltmeister Rudi Völler absteigen würden. Lautern führte bis zur 82. Minute nach einem Treffer Pavel Kukas mit 1:0. Dann glich Leverkusen durch Markus Münch aus, Brehme heulte seinem Kumpel Völler das Trikot voll.

Kaiserslautern spielte in der Abstiegssaison 18-mal unentschieden. Nur sechs Spiele gewannen die Pfälzer, zehn Begegnungen verloren sie – so viele wie der FC Bayern, der Zweiter wurde.

Nachdem im März 1996 Trainer Friedel Rausch entlassen wurde, trafen sich die halbe Mannschaft und der Ex-Trainer zu Hause bei Fritz Walter.

Rauschs Nachfolger Eckhard Krautzun sagte bei seinem Amtsantritt: »Wenn wir den Klassenerhalt schaffen, bin ich hier der Gott.« Nach dem Abstieg durfte sich der irdische Krautzun seine Papiere holen, Otto Rehhagel kam.

Brehme hatte seine Karriere 1996 eigentlich beenden wollen. Nach dem Abstieg machte er aber weiter – und trat 1998 als Meister ab.

Im letzten Spiel der Saison 1996/97, Lautern stand schon seit drei Wochen als Aufsteiger fest, führten die »Roten Teufel« 6:2, als Brehme sich auswechseln ließ. Von der Bank aus erlebte der Weltmeister noch fünf Tore – Lautern verabschiedete sich mit einem 7:6 aus der 2. Liga.

Michael Mifsud ist der einzige Malteser, der in der Bundesliga gespielt hat. Der Angreifer erzielte von 2001 bis 2003 zwei Tore in 23 Spielen für die »Roten Teufel«. Mit 36 Toren in 91 Länderspielen bis 2014 ist er Rekordnationalspieler seines Landes.

Mifsud erklärte 2003, dass er Heimweh habe und Kaiserslautern verlassen wolle. Statt heim nach Malta wechselte er aber nach Norwegen zu Lillestrom. Da hatte er es wenigstens etwas näher zum Meer. Seine Karriere beendete Mifsud schließlich im Juni 2014 bei Melbourne Heart in Australien.

Harry Koch, Georg Koch, Mario Basler, Michael Mifsud, Christian Timm, Lincoln: In den Lauterer Mannschaften der Nullerjahre standen durchaus klingende Namen in den Kadern. Dennoch wurden die Teams von den eigenen Fans als »Mannschaft ohne Seele« verspottet. Selbst Vorstandschef René Jäggi, bei den Fans selbst alles andere als unumstritten, lästerte einmal nach einer weiteren unnötigen Heimniederlage: »36.000 Zuschauer haben begriffen, worum es geht, die Mannschaft offensichtlich nicht.«

Miroslav Klose lernte seine Frau Sylwia im Fanshop des 1. FC Kaiserslautern kennen.

Kloses Mutter Barbara Jez war Handball-Nationalspielerin für Polen.

Kloses Vater Josef spielte als Fußballprofi unter anderem in Opole und im französischen Auxerre. Er gehört der polnischen deutschsprachigen Minderheit der Schlesier an. 1985 wanderte die Familie als Aussiedler nach Deutschland aus.

Miroslav Klose begann seine Fußballkarriere 1987 bei der SG Blaubach-Diedelkopf. Bis zu seinem 20. Lebensjahr spielte Klose bei dem Bezirksligisten. Über den Regionalligisten FC Homburg ging er 1999 zum 1. FC Kaiserslautern. Klose erlernte den Beruf des Zimmermanns und ist ein begeisterter Anhänger des Fliegenfischens.

Klose ist Vater von Zwillingen, zu Hause spricht er Polnisch.

Im März 2012 wurde die tiefgläubige Familie Klose vom damaligen Papst Benedikt XVI. zu einer Privataudienz empfangen. Kloses Spitzname in Deutschland ist »Miro«. In Polen wird er eher »Mirek« genannt.

Eintracht Frankfurt

Charly Körbel war gerade mal 20, als er schon seinen 100. Startelf-Einsatz für die Eintracht absolvierte. Als er sich 1991 zur Ruhe setzte, war er 602-mal für den Klub in der Bundesliga aufgelaufen. Rekord!

1978 unterschrieb Horst Hrubesch einen Vertrag bei der Eintracht, bestand aber darauf, seinen Wechsel von Essen nach Hessen selbst bekannt geben zu dürfen, andernfalls sei der unterschriebene Vertrag Makulatur. Auf der Autobahn hörte Hrubesch auf dem Heimweg ins Ruhrgebiet im Radio, dass er nach Frankfurt gewechselt sei – und sagte Frankfurt ab. Später unterschrieb er beim HSV.

Um Fotografen daran zu hindern, Fotos vom volltrunken in der Kabine liegenden Trainer Branko Zebec zu machen, wickelten Klubangestellte den Coach 1983 nach einem Spiel in Berlin in einen Teppich, verstauten diesen samt Trainer in einen Kofferraum und fuhren davon. Zebec war alkoholkrank.

Beim Derby 1983 bewarfen sich Anhänger der Eintracht und der Offenbacher Kickers mit Dartpfeilen. Sie waren von den Organisatoren auf der gleichen Tribüne untergebracht worden.

Erich Ribbeck galt als junger Trainer als Disziplinfanatiker. Weil er seinen Schützling Thomas Rohrbach im Verdacht hatte, nachts gern feiern zu gehen, verfolgte er den jungen Mann

Anfang der 1970er-Jahre vom Trainingsgelände mit dem Auto. Leider war Ribbeck aber Fußballer und Trainer und kein Detektiv. Nach wenigen Kilometern verlor er Rohrbachs Spur. Also fuhr er zu dessen Haus und schlief im Auto ein. Die Ankunft Rohrbachs bekam Ribbeck nicht mehr mit.

Vom 20. August 1985 bis zum 25. August 1987 gelang der Eintracht kein einziger Auswärtssieg. Insgesamt 32 Spiele lang klappte es nicht mit einem Erfolg in der Fremde – bis heute unrühmlicher Bundesliga-Rekord.

Zur Saison 1987/88 sollte Wolfgang Kraus vom Spieler zum Manager aufsteigen. Blöd nur, dass dies offenbar niemand Trainer Dietrich Weise gesagt hatte. So kam es, dass Weise dem Routinier im Dezember 1986 mitteilte, dass er in der Rückrunde nicht mehr mit ihm plane und er sich gern einen neuen Verein suchen könne. Den neuen Verein konnte sich daraufhin aber Weise suchen. Der Trainer wurde gefeuert. Von Kraus' Vorgänger.

Richtig lange hielt sich aber auch der Manager Kraus nicht bei der Eintracht. 1988 warf ihm der damalige Vizepräsident Klaus Mank die Papiere durch das offene Klofenster.

Im Sommer 1987 überwies die Eintracht 3,5 Millionen Mark an das damals noch kommunistische Regime in Ungarn, um Spielmacher Lajos Détari für vier Spielzeiten an den Main zu holen. Da der Sportverband Spielerverkäufe nicht erlaubte, wurde der Spielmacher geliehen.

Détari machte beim 1:0 im DFB-Pokalfinale 1988 gegen Bochum per Freistoß das entscheidende Tor und verhalf der Eintracht so zu ihrem bislang letzten Titel.

Dennoch wollte Frankfurt den Ungarn anschließend loswerden. »Der Verein hatte Schulden in Höhe von vier Millionen Mark wegen des Unterhalts der Eishockey-Mannschaft und wollte mich verkaufen«, erinnerte sich Détari Jahre später in der *FAZ*. Olympiakos Piräus griff zu und zahlte 18 Millionen Mark an den ungarischen Verband. Der Eintracht sollten davon elf Millionen bleiben. Wie schon zuvor beim Wechsel nach Frankfurt hatte Détari kein Mitspracherecht beim Transfer. Wie viel Geld die Eintracht tatsächlich kassiert hat, ist bis heute offen.

Jörn Andersen gewann in der Saison 1989/90 als erster Ausländer die Torjägerkanone. Der Norweger erzielte 18 Treffer.

Anthony Yeboah ist nach eigenen Angaben 1966 geboren worden. Als er 1988 nach Saarbrücken wechselte, stand in seinem Pass als Geburtsjahr allerdings das Jahr 1964. Als er zwei Jahre später zur Eintracht wechselte, ließ er sich wieder verjüngen. Er behauptet bis heute, dass er vom ghanaischen Verband in seiner Jugend älter gemacht worden sei, um schon mit 16 als Profi in der ersten Liga spielen zu können.

Anfang der 1990er-Jahre kommentierte Ghanas damaliger deutscher Nationaltrainer Otto Pfister die Gerüchte um Yeboahs wahres Alter mit dem Spruch: »Da hilft nur eins: Bein aufsägen und Jahresringe zählen.«

Einen Tag vor dem Spiel beim HSV setzte Trainer Jupp Heynckes im Dezember ein Sondertraining für die drei größten Eintracht-Stars an. Torjäger Anthony Yeboah, Spielmacher Jay-Jay Okocha und Mittelfeldspieler und WM-Teilnehmer Maurizio Gaudino bat Heynckes nach dem Vormittagstraining zu einer Laufeinheit. Am nächsten Tag meldeten sich alle drei krank. Yeboah hatte sich schon nach der Laufeinheit mit den Worten »Wenn ich zweimal am Tag trainieren muss, kann ich am nächsten Tag nicht spielen« von den Journalisten verabschiedet. Heynckes suspendierte die drei Stars.

Der eigentliche Skandal passierte aber in der darauffolgenden Woche. Gaudino nahm trotz der Suspendierung die Einladung zu Thomas Gottschalks Late-Night-Show an. Dort tanzte er vor der Kamera erst einen Tango mit Eiskunstlaufstar Katarina Witt auf Inlineskates und wurde anschließend hinter den Kulissen verhaftet. Der Vorwurf: Anstiftung zum Versicherungsbetrug, Vortäuschen einer Straftat und Bandenhehlerei. »Ein Witz, es bestand ja nie Fluchtgefahr. Meine Frau war hochschwanger und ich war bei Eintracht Frankfurt angestellt. Wohin sollte ich flüchten?«, erinnerte sich Gaudino später. Er wurde schließlich zu zwei Jahren auf Bewährung und 180.000 Mark Strafe verurteilt, das Gericht sah es als erwiesen an, dass er einer Autoschieberbande geholfen hatte. Von Frankfurt wechselte er noch vor der Verurteilung erst zu Manchester City und dann nach Mexiko. Später spielte er noch für den FC Basel, Bochum und Antalyaspor in der Türkei. In die Nationalmannschaft wurde er nie mehr berufen.

Andreas Möller spielte gleich dreimal für die Eintracht: 1985 bis 1987, 1990 bis 1992 und in der Saison 2003/04. Den Abstieg konnte er in seiner letzten Saison nicht verhindern. Im Gegenteil: Möller kam nur auf elf Einsätze. Sein letztes Profispiel machte er am 28. Februar 2004, als er beim 3:1 gegen Mönchengladbach in der 89. Minute eingewechselt wurde.

Klaus Gerster, Möllers Trainer in der Eintracht-Jugend, wurde später zu seinem Berater. 1987 war sich Gerster längst mit Dortmund über einen Wechsel einig, als Möller der Eintracht Treue schwor, Trainer Kalli Feldkamp lobte und öffentlich erklärte, gern seinen Vertrag verlängern zu wollen. Als er schließlich bei Dortmund unterschrieb, bezeichnete Möller Feldkamp als »Blender«. Auch Gerster heuerte bei der Borussia an: Möllers Mentor und Berater wurde Jugendkoordinator.

Vor der WM 1990 verkündete Möller in aller Öffentlichkeit, dass er unbedingt in Dortmund bleiben wolle – und wechselte nach dem Titelgewinn zur Eintracht zurück. Ebenso wie Gerster, der Manager am Main wurde. Als Gerster nicht mal ein Jahr später von der Eintracht vor die Tür gesetzt wurde, wollte auch Möller wieder weg, verkündete: »Mailand oder Madrid – Hauptsache Italien«, blieb noch bis 1992 und ging schließlich doch noch nach Italien: zu Juventus Turin.

Spitznamen, die Andreas Möller während seiner Karriere unter anderem verpasst bekam: »Heintje«, »Heulsuse«, »Turbo« und »Judas«.

Spitzname, den Klaus Gerster verpasst bekam: »Schwarzer Abt«.

In der Saison 1994/95 erklärte Thorsten Legat seine schlechten Leistungen mit dem Tod seines Vaters. Als die Eintracht einen Trauerstrauß an Legats Eltern schickte, nahm Vater Legat die Blumen persönlich entgegen.

Die Autobiografie von Dragoslav Stepanović trägt den Titel »Lebbe geht weider«.

Den Spruch benutzte »Stepi« das erste Mal 1992 in Rostock. Die Eintracht hatte beim damaligen Aufsteiger verloren und somit, obwohl die meiste Zeit der Saison Tabellenerster, am letzten Spieltag die Meisterschaft verspielt. Meister wurde stattdessen der von Christoph Daum trainierte VfB Stuttgart.

Am Abend vor dem Spiel in Rostock tauchte plötzlich Daums Co-Trainer Roland Koch im Mannschaftshotel der Eintracht auf. »Der ist mir direkt über den Weg gelaufen. Ich kann Ihnen sagen: Dem habe ich einen Tritt in den Hintern verpasst, dass mir heute noch der Fuß wehtut«, erinnerte sich »Stepi« Jahre später in der *Frankfurter Rundschau*.

Weniger gut als der Trainer nahm Mittelfeldspieler Ralf Weber das tragische Ende der Meisterträume auf. Nach der Pleite in Rostock zerstörte er erst eine TV-Kamera und brach daraufhin frustriert auf dem Rasen zusammen.

Nachdem Stepanović während seiner zweiten Frankfurter Amtszeit ab April 1996 den Abstieg nicht mehr verhindern konnte, sagte er erneut: »Lebbe geht weider.«

Von Oktober 2005 bis April 2007 moderierte »Stepi« bei rheinmaintv eine wöchentliche Call-in-Show mit dem Titel, na klar, *Lebbe geht weider*.

Stepanović war Kneipier, als ihn sein ehemaliger Mitspieler Bernd Hölzenbein 1991 als Trainer der Eintracht verpflichtete. Zuvor hatte er nur die unterklassigen Klubs Progres Frankfurt, den FSV Frankurt, Rot-Weiß Frankfurt und Eintracht Trier trainiert.

Im März 1993 trat Stepanović unmittelbar nach der 0:3-Pleite im DFB-Pokal-Halbfinale gegen Leverkusen mit den Worten »Das war's« zurück.

Er hatte schon Wochen vorher einen Vertrag in Leverkusen unterschrieben, der ab der Spielzeit 1993/94 gelten sollte. Nach seinem Rücktritt bei der Eintracht heuerte er aber sofort in Leverkusen an.

Mit seinem neuen Klub gewann »Stepi« prompt den DFB-Pokal. Er ist somit der Einzige, der mit einem Verein einen Titel gewann, der ihn unmittelbar zuvor aus dem Wettbewerb – und seinem alten Job – geworfen hatte.

Nach seinem Rauswurf in Leverkusen im April 1995 war Stepanović bei 13 verschiedenen Vereinen Trainer. Er arbeitete in Spanien, Griechenland, China, Ägypten, Serbien, Bosnien-Herzegowina und natürlich in Deutschland. Von Mai bis August 2006 war er in Koblenz zudem Sportchef.

Alexander Schur reiste 1996 auf eigene Kosten ins Trainingslager der Eintracht. Trainer Dragoslav Stepanović hatte dem Vertragsamateur einige Wochen zuvor Hoffnungen auf eine Beförderung zu den Profis gemacht, dann aber nichts mehr von sich hören lassen. Schurs Eigeninitiative zahlte sich aus: Zwar machte »Stepi« zunächst große Augen, doch kurze Zeit nach dem Trainingslager feierte Schur sein Bundesliga-Debüt.

Bis heute raunen sich Eintracht-Fans »der Pass war Bein« zu, wenn einem Spieler ein besonders schöner, gelungener und wertvoller Pass in den Lauf eines Stürmers gelungen ist. Benannt sind diese sogenannten tödlichen Pässe nach Uwe Bein, dem Großmeister des tödlichen Passes. Bein wurde von den Usern von *Sport1.de* zum besten Mittelfeldspieler aller Zeiten gewählt.

Er wurde zwar 1990 Weltmeister, konnte als Vereinsspieler aber keinen Titel erringen. Weder in Deutschland noch in Japan, wo er von 1994 bis 1996 für Urawa Red Diamonds spielte.

Michael Anicic wurde nach seinem ersten Bundesliga-Spiel im März 1993 gleich als Gast ins *aktuelle sportstudio* eingeladen.

Beim 0:1 gegen den FC Bayern München hatte der 18-Jährige eine grandiose Leistung gezeigt. »Junge liegt Ball am Fuß wie Klebe«, sagte sein Trainer Dragoslav Stepanović über den jungen Mittelfeldspieler. Leider war sein erstes auch gleich das beste Spiel seines Lebens.

Nach diesem Spiel erhielt Anicic Angebote vom FC Bayern und von Leverkusen, eine *Ran*-Reporterin umgarnte ihn außerdem so lange, bis er einem Fotoshooting mit nacktem Oberkörper in der Dusche zustimmte. Dem FC Bayern sagte er übrigens ab, weil er beim Rekordmeister zunächst weniger verdienen sollte als bei der Eintracht.

Auch wegen eines Kreuzbandrisses absolvierte Anicic nur 50 Spiele für Frankfurt in vier Jahren und wechselte danach erst nach Graz und dann nach Israel. Ein Angebot eines Bundesligisten bekam er nie mehr.

Stürmer Alexander Meier trägt seine Haare lang, weil die Matte seiner Mutter so gut gefällt.

Klaus Toppmöller brachte in der Saison 1993/94 einen Steinadler mit in die Kabine. Der Motivationstrick misslang. Die Eintracht, gerade Herbstmeister geworden, stürzte nach dem Adlerbesuch in der Rückrunde in der Tabelle ab und trudelte am Ende auf Platz sechs ein.

Trainer Horst Ehrmantraut ließ den Busfahrer entlassen, weil dieser zu oft an roten Ampeln hielt – und die Fahrten dem Trainer einfach zu lange dauerten.

In der Retrospektive erinnerte sich Ehrmantraut im Magazin *11Freunde*: »Wenn meine Zeiten nicht eingehalten wurden, konnte ich grantig werden. Es gehört zur Arbeit eines Busfahrers dazu, den Weg exakt zu kennen. Ich habe meine Fahrer immer genauestens instruiert. Es war minutiös ausgearbeitet, wann vor dem Hotel Abfahrt und am Stadion Ankunft sein sollte. An jenem Tag fingen wir mit der Mannschaftssitzung an.

Dem Busfahrer blieb also der ganze Morgen, die Strecke abzu-
fahren, die Zeit zu stoppen und mir die Daten zu übermitteln.«

Ehrmantraut trainierte die Eintracht von Dezember 1996 bis
Dezember 1998 und stieg mit dem Klub in der Saison 1997/98
in die Bundesliga auf. Richtige Nachhaltigkeit in Frankfurt bescherte ihm aber weniger seine Arbeit als vielmehr sein billiger
weißer Plastikstuhl aus dem Baumarkt, von dem er immer die
Spiele beobachtete. Das Ding wurde nach Ehrmantrauts Entlassung in eine Abstellkammer gesperrt und steht heute unter
einer Glasvitrine im Klub-Museum in der Commerzbank Arena.

Der schon für deutsche Zungen komplizierte Name des
Ex-Trainers erlangte ab 2008 auch in den USA ungeahnte
Popularität: In der Kultserie »Breaking Bad« spielt Jonathan
Banks die Figur des Mike Ehrmantraut. Der ist Sicherheits-
chef des Hauptgegners der beiden Protagonisten Walter
White und Jesse Pinkman. Mit den beiden macht Ehrman-
traut später gemeinsame Sache im Meth-Business.

Oka Nikolov hielt am 3. November 2007 beim 0:0 gegen die
Bayern alle 38 Schüsse auf sein Tor. So viele Paraden schaffte
kein Torwart, der zu null spielte.

Nikolov war von 1991 bis 2013 Spieler der Eintracht. Obwohl er
sehr oft als nominell zweiter Torwart in die Saison ging, absol-
vierte »der ewige Oka« von 1994 bis 2013 379 Spiele für seinen
Herzensklub. Nikolov war unter anderem Ersatzkeeper hinter
Uli Stein, Andreas Köpke, Dirk Heinen, Markus Pröll und Kevin
Trapp.

Als einziger aktiver Spieler wurde er von den Frankfurtern zu den »12 Säulen der Eintracht« gewählt. An der U-Bahn-Station Willy-Brandt-Platz ist ein Foto Nikolovs auf einer Säule verewigt. Die anderen Säulen der Eintracht sind: Bruno Pezzey, Uwe Bindewald, Charly Körbel, Alexander Schur, Jay-Jay Okocha, Bernd Hölzenbein, Jürgen Grabowski, Bum-Kun Cha, Anthony Yeboah, Uwe Bein und Trainer Jörg Berger.

Jörg Berger wurde sowohl 1989 als auch 1999 als sogenannter Feuerwehrmann geholt – und schaffte es, den Abstieg zu vermeiden. 1989 hielt die Eintracht erst nach zwei Relegationsspielen gegen Saarbrücken die Klasse. In der nächsten Saison wurde Frankfurt unter Berger sensationell Dritter.

Nach dem Klassenerhalt 1999 sagte Stürmer Jan Åge Fjørtoft über Trainer Berger, er sei ein so guter Trainer, »der hätte auch die Titanic gerettet.«

Den rasanten Kombinationsfußball der Eintracht zu Beginn der 1990er-Jahre nannte man »Fußball 2000«. Wichtigste Spieler damals waren vor allem Anthony Yeboah, Jay-Jay Okocha, Uwe Bein, Andreas Möller und Maurizio Gaudino. Einen Titel gewannen sie mit ihrem futuristischen Fußball aber nicht.

Nach dem Aufstieg 1998 entledigte sich Mittelfeldspieler Thomas Zampach während einer Ehrenrunde aller Klamotten. Wirklich jedes Kleidungsstück verteilte er an die grölenden Fans. Am Ende stapfte er nackt, mit einer Hand am Schambereich, mit der anderen winkend, in die Kabine.

Eintrachts langjähriger Vorstandsvorsitzender Heribert Bruchhagen spielte von 1974 bis 1976 mit seinem Heimatklub DJK Gütersloh zwei Saisons in der 2. Liga.

Ehe Bruchhagen 2003 in Frankfurt anheuerte, war er Manager von Schalke 04, beim HSV, in Bielefeld und einer der Geschäftsführer der DFL gewesen. Von 1977 bis 1986 unterrichtete Bruchhagen Sport und Geografie am Kreisgymnasium Halle/Westfalen. »Als Lehrer war ich nicht sehr talentiert «, sagte er mal dem *Haller Kreisblatt*.

Bruchhagen ist bis heute Mitglied des FC Schalke. Nach seinem Abschied in Frankfurt im Mai 2016 arbeitete er als Experte für Sky, ehe er im Dezember als Vorstandschef beim HSV anheuerte.

Seine zwei Töchter sind Journalistinnen.

Ex-Außenminister Joschka Fischer ist großer Fan der Eintracht. Mit Bruchhagen ist er in tiefer Abneigung verbunden. Fischer lästerte mal vom »niederen Horizont« des als sparsam bekannten Bruchhagen. Der ätzte zurück: »Ein Clown in Turnschuhen in einem Varieté darf so was sagen.«

Makoto Hasebes erstes Buch trägt den Titel »Die Seele in Ordnung halten«. In Japan verkaufte sich der Schmöker weit über eine Million Mal.

Best of the Rest, Teil III

1986/87 stieg Hannover nach dem Abstieg direkt wieder auf. Um in der folgenden Saison sofort wieder im Tabellenkeller zu stehen. Als im März 1988 Bayer Leverkusen mit Trainer Erich Ribbeck zu Gast im Niedersachsenstadion war, erschien auf der Anzeigetafel der flehende Spruch »Erich, wir brauchen die Punkte auch!!!«. Ob Ribbeck und die Leverkusener Mitleid bekamen, ob es glückliche Fügung war oder Hannover an diesem Nachmittag einfach stark war? Egal, jedenfalls gewann Hannover 96 an diesem Nachmittag 6:1 – und hielt die Klasse.

Nico Patschinski, Torschütze zum 2:0 der legendären Weltpokalsiegerbesiegermannschaft des FC St. Pauli in der Saison 2001/02 beim 2:1 gegen den FC Bayern München, arbeitet heute als Paketzusteller für die DPD. Er verdient 1200 Euro netto im Monat.

Thomas Meggle, Torschütze zum 1:0 der legendären Weltpokalsiegerbesiegermannschaft des FC St. Pauli in der Saison 2001/02 beim 2:1 gegen den FC Bayern München, ist gebürtiger Münchner. Seit Dezember 2014 ist Meggle Sportdirektor von St. Pauli. Zuvor löste er sich mit der Verpflichtung von Ewald Lienen selbst als Trainer ab.

Nach seiner aktiven Karriere gründete Meggle 2008 die Hamburger Amateurfußball-Zeitung *fußball HAMBURG*, die 2010 im Onlineportal *fussballhamburg.de* aufgegangen ist.

2010 gründete Meggle außerdem den Verlag Tom2M – Thomas Meggle Medien GmbH. Als erstes Produkt gab er den Kalender »Pauli Comix 2010-2011« heraus.

Holger Stanislawski, Kapitän der legendären Weltpokalsiegerbesiegermannschaft des FC St. Pauli in der Saison 2001/02 beim 2:1 gegen den FC Bayern München, war nach seiner aktiven Karriere nacheinander als Vizepräsident, Manager und Trainer beim FC St. Pauli tätig. Nach Stationen bei der TSG Hoffenheim und dem 1. FC Köln leitet er heute einen Supermarkt in Hamburg.

Stanislawskis Kogeschäftsführer beim Rewe-Center Buxtehude ist der ehemalige HSV-Profi Alexander Laas.

Stanislawski ist gelernter Masseur. Schon zu seiner aktiven Zeit rauchte er (viel) und trank bis zu einem Liter Kaffee am Tag. Nach seinem Karriereende ließ sich Stanislawski zum Sportmanager umschulen und erlangte den Titel eines Sportfachwirts.

Markus Lotter, beim 2:1 der legendären Weltpokalsiegerbesiegermannschaft des FC St. Pauli in der Saison 2001/02 gegen den FC Bayern München verletzt, absolvierte sein einziges Erstligaspiel in der Hinrunde beim FC Bayern. St. Pauli verlor dort mit 0:2. Lotter ist heute Sportchef der *Berliner Zeitung*.

Jochen Kientz, Verteidiger der legendären Weltpokalsiegerbesiegermannschaft des FC St. Pauli in der Saison 2001/02 beim 2:1 gegen den FC Bayern München, wechselte nach dem Abstieg Paulis 2002 nach Rostock, wo er 2004 nach 14 Profijahren und 13 Operationen seine Karriere beendete. Danach siedelte er nach Spanien über und arbeitete als Model. Heute ist er Spielervermittler.

Simon Henzler, Torwart der legendären Weltpokalsiegerbesiegermannschaft des FC St. Pauli in der Saison 2001/02 beim 2:1 gegen den FC Bayern München, ist heute Torwarttrainer in Paderborn.

André Trulsen, beim 2:1 der legendären Weltpokalsiegerbesiegermannschaft des FC St. Pauli in der Saison 2001/02 gegen den FC Bayern München in der 66. Minute eingewechselt, war nach seiner aktiven Karriere jahrelang bester Freund, Schatten und Co-Trainer von Holger Stanislawski bei all seinen Trainerstationen. Auf einen Wechsel in den Einzelhandel verzichtete er aber. »Der Job an der Kuchentheke war schon vergeben«, sagte er 11Freunde. Im Sommer 2015 heuerte es als Assistent von Alexander Zorniger beim VfB Stuttgart an.

Dietmar Demuth, Trainer der legendären Weltpokalsiegerbesiegermannschaft des FC St. Pauli in der Saison 2001/02 beim 2:1 gegen den FC Bayern München, wurde nach Abstieg und missglücktem Start in die nächste Zweitligasaison gefeuert und heuerte zunächst in Ghana bei Ashanti Gold an. Seit 2014 trainiert er den Regionalligisten ZFC Meuselwitz, den er in der ersten Saison prompt vor dem Abstieg bewahrte.

1964 war sich Pelé mit Hannover schon über einen Wechsel in die Bundesliga einig. Auch der FC Santos, Heimatklub des Weltstars, hatte schon sein Einverständnis gegeben für einen

Transfer Pelés an die Leine. Der Coup scheiterte schließlich am brasilianischen Staat, der Pelé kurzerhand zum Staatseigentum erklärte und ihm den Schritt ins Ausland untersagte. Erst 1975 durfte der dann schon 34-Jährige das Land dauerhaft verlassen. Pelé entschied sich fürs große Geld und heuerte bei Cosmos New York an.

Das alte Zentralstadion in Leipzig fasste 100.000 Zuschauer. Am 9. September 1956 war das Derby zwischen SC Rotation Leipzig und SC Lokomotive Leipzig ausverkauft. Danach besuchten offiziell nie mehr exakt 100.000 Menschen ein Fußballspiel in Deutschland.

Das 2004 eröffnete neue Zentralstadion, mittlerweile Red Bull Arena, wurde in das alte Stadion gebaut. Die früheren Tribünen sind mittlerweile begrünt.

Ganze neun Spieler mit dem Nachnamen Jensen spielten in der Bundesliga: Bent, Daniel, Henning, Henrik-Ravn, Jann, John, Kasper, Niclas und Viggo. Diese neun Dänen haben ihren Nachnamen somit zum häufigsten ausländischen Namen in der Eliteklasse gemacht.

Willi Landgraf ist mit 508 Einsätzen der Rekordspieler der 2. Bundesliga. Ganz oben spielte der rustikale Verteidiger allerdings nie. Wieso nicht? »Um ehrlich zu sein: Ich hatte nie ein Angebot«, verriet er einmal der *taz*.

Dafür absolvierte Landgraf, Spitzname »Willi, das Kampfschwein«, in der Saison 2004/05 sechs Spiele im UEFA-Cup.

Alemannia Aachen hatte in der Vorsaison das Finale im DFB-Pokal erreicht und durfte darum als Zweitligist teilnehmen.

Mit insgesamt neun Platzverweisen von 1986 bis 2006 ist Landgraf auch in dieser Kategorie der Rekordhalter im Unterhaus.

1989 gewannen Deutschlands Fußball-Frauen bei der ersten Teilnahme gleich die EM im eigenen Land. Zum Dank gab es vom DFB für jede Nationalspielerin ein Kaffeeservice.

Frauenfußball war in Deutschland von 1954 bis 1970 verboten. Der DFB-Bundestag hatte nach dem WM-Titel der Männer den Vereinen untersagt, Frauenfußballabteilungen zu unterhalten. Begründung unter anderem: »Diese Kampfsportart ist der Natur des Weibes im Wesentlichen fremd.«

Trotz des Verbots absolvierte die Fußball-Nationalmannschaft der Frauen in dieser Zeit rund 230 inoffizielle Länderspiele, ab 1965 unter dem Dach der »Deutschen Damen-Fußballvereinigung«.

Als der DFB Frauenfußball 1970 wieder erlaubte, durften die Spiele wegen der »schwächeren Natur« der Frauen zunächst nur 70 Minuten dauern.

Das erste offizielle Länderspiel der deutschen Fußball-Nationalmannschaft der Frauen fand 1982 statt. Die von Gero Bisanz trainierte Mannschaft besiegte die Schweiz mit 5:1. Silvia Neid, seit 2005 Bundestrainerin, wurde in diesem Spiel eingewechselt.

Deutscher Rekordmeister im Frauenfußball ist mit zwölf Titeln Turbine Potsdam. Die Brandenburgerinnen gewannen allerdings sechs ihrer Meisterschaften in der DDR.

Rekordmeister der 1990 gegründeten Frauen-Bundesliga ist der 1. FFC Frankfurt mit sieben Titeln.

Mit vier Titeln ist der 1. FFC Frankfurt auch Rekordmeister der UEFA Women's Champions League. Neunmal gewannen deutsche Mannschaften bereits die 2001 eingeführte Champions League der Frauen. Seit 2012 haben nur deutsche Teams triumphiert (zweimal Wolfsburg, einmal Frankfurt).

Die 2009 eröffnete Augsburger SGL-Arena wirbt damit, das weltweit erste klimaneutrale Stadion zu sein. Beheizt wird es durch Wärmepumpen und sechs je 40 Meter tiefe Brunnen. Ein Bioerdgaskessel liefert den nötigen Strom. Ursprünglich sollte das Stadion auch eine Fotovoltaikanlage bekommen, was aber aus Kostengründen wieder verworfen wurde.

Hoffenheims Isaac Vorsah gewann seine ersten zehn Bundesliga-Spiele. Zuvor war dies nur Robert Kovač zu Beginn seiner Erstligakarriere in Leverkusen gelungen.

Die TSG Hoffenheim zahlte als Zweitligist in der Saison 2007/08 7,5 Millionen Euro Ablöse an Gremio Porto Alegre für Carlos Eduardo. Bis 2015 war er damit der teuerste Zweitligaspieler aller Zeiten. RB Leipzig brach im März 2015 den Rekord mit der Verpflichtung von Davie Selke von Werder Bremen. Der Stürmer kostete den Zweitligisten acht Millionen Euro.

2010 wechselte Carlos Eduardo von Hoffenheim nach Russland zu Rubin Kasan. Hoffenheim kassierte 20 Millionen Euro Ablöse.

Der wahre »Ewige Zweite« der Bundesliga ist gar nicht Michael Ballack, sondern Michael Schulz. Der langmähnige Verteidiger schaffte es während seiner zehnjährigen Bundesliga-Karriere (1987 bis 1997), immer zur falschen Zeit am falschen Ort zu sein. Kaiserslautern wurde 1990 Pokalsieger und ein Jahr später Meister, doch Schulz war bereits 1989 nach Dortmund gewechselt. 1994 zog er weiter nach Bremen, der BVB wurde ohne ihn zweimal Meister. 1992 wurde er zudem Zweiter mit Dortmund und der DFB-Elf bei der EM in Schweden. 1993 verlor er mit dem BVB das UEFA-Cup-Finale gegen Juve, 1995 wurde er mit seinem neuen Klub Werder Zweiter hinter seinem Ex-Verein Dortmund. Insgesamt wurden seine drei Bundesliga-Klubs von 1987 bis 1997 fünfmal Meister. Doch immer ohne Schulz.

Fabian Johnson erreichte am 4. Februar 2012 im Trikot der TSG Hoffenheim 35,5 Stundenkilometer und ist damit der schnellste Bundesliga-Spieler aller Zeiten. Dortmunds Sprintwunder Pierre-Emerick Aubameyang erreichte in der Saison 2014/15 eine Höchstgeschwindigkeit von 35,4 Stundenkilometern. Aubameyang ist aber auf den ersten 30 Metern schneller als Johnson.

Vor der WM 2014 galt Thomas Tuchel beim DFB als Kandidat für die Löw-Nachfolge – wenn die Nationalmannschaft in Brasilien versagt hätte.

Dieter Schatzschneider ist dem Hannoveraner Publikum sicher noch als äußerst treffsicherer Stürmer (insgesamt 134 Tore in 178 Spielen von 1978 bis 1982 und 1988/89) in Erinnerung. Aber er war auch außerhalb des Platzes recht schlagfertig. Als er während seiner ersten Periode an der Leine nach einem Sieg um die Häuser zog, schrie ein Arbeiter »Schatzschneider, du Arschloch« von seinem Kran herunter. Schatzschneider kletterte den Kran hinauf und streckte den unflätigen Arbeiter, wohl eher Braunschweig- oder HSV-Fan, nieder. »Es knallte nur zweimal, dann war die Sache erledigt«, erinnerte sich Schatzschneider später an den Vorfall.

Jürgen Rynio erlebte im Januar 1986 das wohl erfolgloseste und unglücklichste Comeback der Bundesliga-Geschichte. Der Torwart, der seine aktive Karriere 1984 in der 2. Liga bei Hannover eigentlich schon beendet hatte, sprang wegen der Verletzung des Stammtorhüters für zwei Spiele wieder ein – und kassierte dabei zwölf Gegentore. Nach dem 0:5 gegen den FC Bayern setzte es in Stuttgart eine Woche später sogar ein 0:7. Dabei verwandelte Michael Nushöhr als bisher einziger Spieler sogar drei Elfmeter in einem Spiel gegen den bedauernswerten Rynio. Nach seinem ersten Rücktritt war Rynio zunächst Ko-, dann Interims- und schließlich Torwarttrainer gewesen.

Überhaupt ist Rynio der Seuchenvogel der Liga. Der Torwart stieg als einziger Spieler mit fünf verschiedenen Vereinen fünfmal ab: 1968 mit dem Karlsruher SC, 1969 mit dem 1. FC Nürnberg, 1972 mit Dortmund, 1978 mit St. Pauli und schließlich 1986 mit Hannover. »Nun war ich also für alle Zeit das Abstiegsgespenst Nummer eins. Immer zur falschen Zeit am falschen Ort. Dabei weiß ich, dass ich ein überdurchschnittlicher Torhüter war, nicht umsonst stand ich zweimal im Kader der Nationalmannschaft, ohne allerdings eingewechselt worden zu sein. Deshalb fühlte ich mich tatsächlich für keinen Abstieg verantwortlich, schon gar nicht für den letzten mit Hannover in der Chaossaison 1985/86, als der Klub vier verschiedene Trainer verschliss«, erzählte Rynio einmal der Zeitschrift *11Freunde*.

Thomas Christiansen spielte in Hannover mehr als ein Jahr trotz eines Ermüdungsbruchs im Bein. Die Verletzung war die ganze Zeit unbemerkt geblieben, obwohl der Stürmer regelmäßig über Schmerzen geklagt hatte.

Julian Nagelsmann war 28 Jahre und 205 Tage alt, als er die TSG Hoffenheim beim Spiel in Bremen zum ersten Mal an der Seitenlinie betreute. Das Spiel der beiden damaligen Abstiegskandidaten endete 1:1.

Der jüngste Bundesligatrainer der Geschichte musste seine aktive Karriere schon mit 20 Jahren wegen schwerer Knieprobleme bei der zweiten Mannschaft des FC Augsburg beenden. Der damalige Trainer Thomas Tuchel machte Nagelsmann daraufhin zum Scout. Wenig später wurde Nagelsmann Jugendtrainer beim TSV 1860 München.

Xherdan Shaqiri hatte bereits mit 18 Jahre als Spieler des FC Basel einen Oberschenkelumfang von 60 Zentimetern. Als er später zum FC Bayern München wechselte, dürften es einige Zentimeter mehr gewesen sein.

VfL Wolfsburg

Martin Petrov benötigte 2004 im Spiel gegen Mainz vier Schüsse für seine vier Tore.

Die Stürmer Grafite und Edin Džeko erzielten in der Wolfsburger Meistersaison 2008/09 zusammen 54 Tore. Damit sind sie das torgefährlichste Sturmduo der Bundesliga-Geschichte.

Der Spitzname von Zvjezdan Misimović, in Wolfsburgs Meistersaison mit 22 Assists bester Vorlagengeber der Liga, ist »Zwetschge«. Verpasst hat ihm den einst Hermann Gerland, sein Trainer bei den Amateuren des FC Bayern München.

Nach der Hinrunde der Saison 2008/09 lag der VfL Wolfsburg nur auf Tabellenplatz neun. Am 34. Spieltag sicherte sich die von Felix Magath trainierte Mannschaft mit einem 5:1 gegen Werder Bremen die erste – und bislang einzige – Meisterschaft der Vereinsgeschichte.

Magath hatte Wolfsburg in der Vorsaison übernommen und den Klub in den UEFA-Cup geführt. In den beiden Vorjahren hatte die Werkself die Bundesliga jeweils nur als 15. abgeschlossen.

1997 war sich Valdas Ivanauskas, litauischer Stürmer des HSV und von Freund und Feind wegen seiner schnell mal aufbrausenden Art »Ivan, der Schrecklicke« genannt, mit Wolfsburg im Grunde schon über einen Wechsel einig. Doch dann zeigte

Ivanauskas, dass er zu Hause wohl eher »Ivan, der Sanfte« war. Weil seine Frau Beatrix beim Bummel durch Wolfsburg angesichts der, nun ja, zweckmäßigen Architektur der Stadt in Tränen ausgebrochen sein soll, sagte Ivanauskas den verdutzten VfL-Bossen wieder ab. Auch den Reportern erzählte er: »Ich wollte meine Ehe retten«, und versprach treuherzig: »Ich fahre nie mehr nach Wolfsburg.« Musste er auch nicht, die Ivanauskas' zogen schließlich nach Salzburg, wo Valdas bis 1999 spielte. Später ging es noch nach Wilhelmshaven und Cloppenburg. Schöner als in Wolfsburg ist es da allemal.

Als Wolfsburg in der Anfangsphase der Saison 2004/05 schon mal kurzzeitig auf Platz eins lag, bot der damalige Bayern-Manager Uli Hoeneß generös an, der Stadt Wolfsburg den Bau eines Balkons für das Rathaus zu spendieren, sollte der Klub tatsächlich Meister werden. Dass das Angebot nicht ganz ernst gemeint war, zeigte sich 2009 – als die Mannschaft mangels eines Balkons die Meisterschale auf einer Bühne mitten in der Fanmenge in die Höhe streckte. Einen Balkon hat die Stadt ihrem Rathaus noch immer nicht spendiert. Geschweige denn Hoeneß.

Abwehrchef Naldo ist mit 1,98 Metern der größte Spieler, der je in der brasilianischen Nationalelf gestanden hat.

Naldos Sohn heißt Naldinho. Er ist auch dafür verantwortlich, dass sich die Familie hat einbürgern lassen. »Er hat fast jeden Tag gefragt: ›Papa, wann werden wir endlich Deutsche?‹«, sagte Naldo nach der erfolgten Einbürgerung im Dezember 2014.

Bürgerlich heißt Naldo Ronaldo Aparecido Rodrigues. Nach seiner Einbürgerung 2014 sagte er auf die Frage, wie man ihn künftig ansprechen sollte: »Herr Naldo reicht.«

Arme Montana Yorke! Das englische It-Girl hatte Ende Januar 2015 nicht viel von ihrem Freund, dem Weltmeister André Schürrle. »Ich hatte mein Handy überall dabei, selbst beim Duschen. Oder es lag nachts neben meinem Bett. Meine Freundin war schon genervt, weil sie mich drei Tage lang nicht ansprechen konnte. Ich rechnete jede Sekunde mit dem Anruf, dass ich mich in den Flieger nach Wolfsburg setzen soll. Aber der kam nicht«, erzählte Schürrle der *Sport Bild.* Ende Januar kam der ersehnte Anruf aus Wolfsburg dann doch noch, Schürrle setzte sich ins Flugzeug nach Braunschweig und unterschrieb in Wolfsburg. Frau Yorke soll es, anders als Jahre zuvor Frau Ivanauskas, in Wolfsburg sogar gefallen haben. 2016, als Schürrle längst in Dortmund tätig war, trennte sich das Paar doch noch.

FSV Mainz 05

Jürgen Klopp ist neben Benjamin Auer der einzige Mainzer Spieler, dem vier Tore in einem Profispiel des FSV gelangen.

Klopp wurde am Rosenmontag 2001 zum Trainer des FSV Mainz ernannt – und beendete seine Spielerkarriere über Nacht.

Klopp folgte Eckhard Krautzun, den nötigen Trainerschein hatte er noch nicht, dafür aber ein abgeschlossenes Sportstudium.

Klopp gewann als Trainer sechs seiner ersten sieben Spiele und bewahrte Mainz so vor dem Abstieg.

In der Saison 2001/02 scheiterte Mainz unter Trainer Klopp mit einem Punkt am Aufstieg.

In der Saison 2002/03 scheiterte Mainz unter Trainer Klopp um ein Tor am Aufstieg.

In der Saison 2003/04 stieg Mainz als Dritter in die Bundesliga auf.

Die 64 Punkte, die Mainz in der Saison 2001/02 holte, hätten in jeder anderen Saison seit Einführung der Dreipunkteregel für den Aufstieg gereicht. In der Aufstiegssaison 2003/04 waren 54 Punkte genug.

In der ersten Aufstiegssaison erreichte Mainz die Spitzengruppe erst durch fünf Siege in den letzten fünf Spielen.

Am elften Spieltag der ersten Bundesliga-Saison 2004/05 stand Mainz auf Platz eins. Am Ende erreichte die Mannschaft Platz elf.

In der Saison 2005/06 qualifizierte Mainz sich für den Europapokal – als Tabellenelfter. Der DFB nominierte den Klub als Sieger der Fair-Play-Wertung für die Qualifikationsrunde zum UEFA-Cup. Durch Siege gegen Mika Ashtarak (Armenien) und IB Keflavik (Island) qualifizierten sich die Mainzer für die erste Runde, wo sie gegen Sevilla ausschieden.

In der Saison 2005/06 lieh Mainz auf Wunsch von Trainer Jürgen Klopp den ägyptischen Stürmer Mohamed Zidan aus Bremen aus. 2008 holte Klopp Zidan vom HSV nach Dortmund.

2003 verpflichtete Mainz auf Wunsch von Klopp Mittelfeldspieler Antonio da Silva vom Regionalligisten Wehen. 2010 holte Klopp den Regisseur, der zwischenzeitlich in Stuttgart, Karlsruhe und Basel nicht so recht glücklich geworden war, nach Dortmund. Dort wurde er zum dritten Mal nach 2007 mit dem VfB und 2010 in Basel 2011 und 2012 wieder Meister.

Nach drei Jahren in der Bundesliga stieg Mainz in der Saison 2006/07 wieder ab. Klopp wollte den Klub nach der Spielzeit eigentlich schon verlassen, blieb aber nach dem Abstieg doch noch. Erst als Mainz in der folgenden Saison den Aufstieg als Vierter verpasste, wechselte er nach Dortmund.

Klopps Nachfolger in Mainz war Jörn Andersen.

Der norwegische Trainer schaffte mit den Mainzern prompt den Aufstieg in die Bundesliga, wurde aber am 3. August 2009, nur fünf Tage vor Beginn der Saison, durch Thomas Tuchel abgelöst. Den Klubbossen gefiel der autoritäre Führungsstil Andersens nicht. Unverhofft kam so Thomas Tuchel, damals noch Jugendtrainer, zu seinem Debüt als Cheftrainer im Profibereich.

Auch Martin Schmidt, Klopps Nach-Nach-Nach-Nachfolger, wurde während der Meenzer Fassenacht zum Cheftrainer befördert. Er beerbte am Fassenachtsdienstag 2015 den glücklosen Kasper Hjulmand. »Ihr seid nur ein Karnevalsverein« passt nirgendwo so gut wie zum FSV Mainz 05.

Mittelfeldspieler Julian Baumgartlinger war in seiner Jugend begeisterter Leichtathlet. Wenn es mit dem Fußball nichts geworden wäre, würde er heute möglicherweise Zehnkämpfer sein.

Baumgartlinger verließ bereits mit 13 Jahren seine österreichische Heimat und schloss sich dem TSV 1860 München an. Weil er dort unter den Trainern Marco Kurz und Uwe Wolf kaum zum Spielen kam, entschied er sich zu einem Wechsel zu Austria Wien. Als in der Endphase der Saison 2008/09 Ewald Lienen die Löwen übernahm, wurde Baumgartlinger zur Stammkraft. Den Vertrag in Wien hatte er schon unterschrieben, Lienen bekam bei einer Pressekonferenz einen Tobsuchtsanfall und kritisierte seine Vorgänger deutlich. 2011 wechselte Baumgartlinger schließlich in die Bundesliga zum FSV Mainz. Im Sommer 2016 wechselte Baumgartlinger nach Leverkusen.

Der langjährige Manager Christian Heidel ist Autohändler. Seit 1989 betreibt er ein *BMW*-Autohaus. Dem Vorstand des FSV gehört der Sohn des ehemaligen Mainzer Bürgermeisters Herbert Heidel bereits seit 1992 an. Bis 2005 übte er sein Manageramt beim Bundesligisten ehrenamtlich aus. Erst als die DFL den Klub dazu zwang, ließ er sich hauptamtlich anstellen. Im Sommer 2016 ging Heidel zum FC Schalke.

Eine Affinität zu Autos hat auch der von Februar 2015 bis Sommer 2017 amtierende Cheftrainer Martin Schmidt. Der Schweizer ist Kfz-Mechaniker, arbeitete als solcher sogar zeitweise in der Tourenwagenserie DTM. Als Fußballer brachte er es wegen diverser Verletzungen nicht weit. Sieben Kreuzbandrisse hielten ihn aber nicht davon ab, Extremskifahrer zu werden.

Als Schmidt noch beim Schweizer Zweitligisten FC Raron als Trainer arbeitete, ließ er sich einmal nackt in der Kabine ablichten. Er ließ sich von hinten an der Taktiktafel fotografieren. Das Foto von Schmidts nacktem Hintern kam in einen Kalender, der Erlös von rund 6500 Euro ging an eine Behinderten-Werkstatt.

Schmidt hat fünf Schwestern und einen Bruder. Sein Vater Beat Schmidt besuchte zum ersten Mal ein Fußballstadion, als der Sohn sein Debüt als Cheftrainer beim FSV feierte – und durfte einen Sieg bejubeln. Mainz gewann 3:1 gegen Eintracht Frankfurt.

Statistik

Dramatischste Abstürze von Bundesliga-Klubs in der Tabelle:

Klub	Tabellenplatz Jahr 1	Tabellenplatz Jahr 2
Nürnberg	1967/68: 1.	1968/69: 17.
Essen	Hinrunde 1970/71: 8.	Ende 1970/71: 18.
FC Schalke	1971/72: 2.	1972/73: 15.
FC Bayern	1973/74: 1.	1974/75: 10.
Bielefeld	Hinrunde 1978/79: 10.	Ende 1978/79: 16.
Mannheim	Hinrunde 1989/90: 9.	Ende 1989/90: 17.
MSV Duisburg	Hinrunde 1991/92: 7.	Ende 1991/92: 19.
Frankfurt	Hinrunde 1995/96: 10.	Ende 1995/96: 17.
Dortmund	1998/99: 4.	1999/2000: 11.
Nürnberg	2006/07: 6.	2007/08: 16.
Frankfurt	Hinrunde 2010/11: 7.	Ende 2010/11: 17.
Köln	Hinrunde 2011/12: 10.	Ende 2011/12: 17.
Düsseldorf	Hinrunde 2012/13: 13.	Ende 2012/13: 17.

Älteste Spieler aller Zeiten in der Bundesliga:

Name	Klub	Datum	Alter
Klaus Fichtel	FC Schalke	21. 5. 1988	43 Jahre, 6 Monate, 3 Tage
Uli Stein	Bielefeld	11. 4. 1997	42 Jahre, 5 Monate, 20 Tage
Toni Schumacher	Dortmund	18. 5. 1996	42 Jahre, 2 Monate, 13 Tage
Mirko Votava	Bremen	6. 12. 1996	40 Jahre, 7 Monate, 12 Tage
Bernd Dreher	FC Bayern	19. 5. 2007	40 Jahre, 6 Monate, 18 Tage

Unnützes Fußballwissen

Jüngste Spieler aller Zeiten in der Bundesliga:

Name	Klub	Datum	Alter
Nuri Sahin	Dortmund	6. 8. 2005	16 Jahre, 11 Monate, 2 Tage
Jürgen Friedl	Frankfurt	20. 3. 1976	17 Jahre, 26 Tage
Ibrahim Tanko	Dortmund	24. 11. 1994	17 Jahre, 2 Monate
Julian Draxler	Schalke	15. 1. 2011	17 Jahre, 3 Monate, 25 Tage
Marc Stendera	Frankfurt	6. 3. 2013	17 Jahre, 3 Monate, 27 Tage